L'ART

DE SE FAIRE AIMER

DE SON MARI.

PERSONNAGES.	ACTEURS.

ÉDOUARD D'ARCEY .... M. Fédé.
OSCAR DE BEAUFOUR........ M. Bernard-Léon.
PHILIBERT, jeune médecin...... M. Volnys.
Mme DARCEY................... Mlle Clara.
Mme OSCAR DE BEAUFOUR.... Mme Darcey.
Mme DE ROSELLE, jeune veuve. Mme Dussert.
Mlle PRUDENCE, vieille femme
    de confiance de Mme Darcy..... Mme Guillemin.
FIFINE, femme de chambre de
    Mme de Roselle. .... Mlle Clorinde.
Gens invités.
Domestiques.

———◦◦◦◦———

Au premier acte la Scène est à Paris.
Au deuxième...............à Auteuil.
Au troisième.............à Paris.

———◦◦◦◦———

IMPRIMERIE DE CHASSAIGNON,
rue Git-le Cœur, n°. 7.

L'ART

DE SE FAIRE AIMER DE SON MARI,

COMÉDIE-VAUDEVILLE EN TROIS ACTES.

Acte premier.

Le Théâtre représente un Salon.

SCÈNE PREMIÈRE.

DARCEY, PHILIBERT.

PHILIBERT.

Conçois-tu mon malheur, mon cher Darcey?... se voir préférer un rival mystérieux, dont la conduite est un problême, dont le nom est une énigme; ce serait à en perdre la tête, si on n'était pas philosophe.

DARCEY, *encore presqu'endormi.*

Hein?... tu dis que... ah! oui... ton rival inconnu... Eh bien! mon cher docteur... je sais qui il est.

(*Il étend les bras comme un homme à peine éveillé.*)

PHILIBERT.

Dis-tu vrai?

DARCEY.

Oui, je suis persuadé que cet amant mystérieux qui se

cache à tous les yeux; que tu crois voir partout et nulle part...

PHILIBERT.

Eh! bien... c'est...

DARCEY.

C'est l'ombre d'un de tes ex-malades... un lutin, un vampire, qui revient tout exprès de l'autre monde pour te tourmenter dans tes amours avec ta jolie veuve, et te faire expier tes ordonnances.

PHILIBERT.

Trève de plaisanteries, Darcey, je suis amoureux... amoureux sérieusement, (*en riant.*) et l'on ne plaisante pas sur des malheurs comme ceux-là.

DARCEY.

Un malheur! tu as raison, mon ami; il y a trois degrés dans les infortunes du cœur... le premier, c'est d'être amoureux; le second, c'est d'être aimé... oui, oui, d'être aimé... le troisième et dernier degré, c'est d'être marié... il y en a bien encore un quatrième, mais je ne t'en parle pas, tu es philosophe.

PHILIBERT.

Quoique tu en dises, je veux me marier... jette les yeux autour de nous, dans notre société... combien d'épouses fidèles, de bonnes mères de famille... Madame Oscar; ta femme surtout... madame Darcey.

A R :

Chacun admire son bon ton ;
Elle est aimable, douce et belle :
Bref! de sagesse et de raison,
Vraiment ta femme est un modèle.

DARCEY.

Ah ! par exemple, c'en est trop !
On ne vint jamais, sur mon âme,
Réveiller les gens en sursaut...
Et pour leur parler de leur femme !

Je ne sais pas... mais lorsque tu parles de ma femme... tu y mets un feu!...

PHILIBERT.

C'est qu'elle a toutes les qualités, toutes les vertus que je voudrais trouver dans la mienne.

DARCEY.

Heureux Philibert, tu es encore dans l'âge des illusions ;
mais écoute... Comme toi, j'ai connu cet amour si doux,
si passionné... alors j'aurais payé de ma vie le droit d'ob-
tenir la main de Clarice... En effet, elle était pleine d'attraits, de grâces, de talens... on la citait comme la femme
la plus séduisante de tout Paris, et je l'aimais mille fois plus
encore que tu n'aimes ta madame de Roselle... on nous
maria... Je dois l'avouer je goûtai le bonheur le plus
parfait pendant... trois mois, pendant six, peut-être !...
mais peu à peu le charme s'évanouit ; l'uniformité du mariage, l'habitude, que sais-je ?... ma femme est toujours
aussi bonne, aussi aimable ... eh bien ! ses prévenances
m'ennuient, ses attentions me fatiguent... enfin mon ami,
tu vois devant toi l'homme le plus malheureux du monde.

SCÈNE II.

LES MÊMES, Mlle PRUDENCE.

PRUDENCE.
Madame fait ses complimens à Monsieur, et demande
comment il se porte ce matin.

DARCEY, *à Philibert.*
Tiens, quand je te le disais... voilà déjà que çà commence. (*à Prudence.*) Vous veniez m'annoncer made-
moiselle Prudence...

PRUDENCE.
Que Madame envoie savoir comment Monsieur a passé
la nuit.

DARCEY.
Ah! oui... assurez-là de mon respect dites-lui que je
me porte bien... très-bien.

PRUDENCE.
Elle prie Monsieur de passer chez elle avant de sortir.

DARCEY, *à part.*
Nous y voilà. (*haut.*) J'aurai grand plaisir à la voir...
j'irai.... dites-lui cent choses ; tout ce qu'il vous plaira.

PRUDENCE, *avec un grand sérieux.*
Je n'y manquerai pas, Monsieur.

(*Elle fait une révérence, et sort.*)

SCÈNE III.

DARCEY, PHILIBERT.

DARCEY.

Tu le vois, docteur... impossible de causer librement
avec un ami; relancé dès le matin; je te le conseille,mon cher
Philibert, profite de mon exemple, renonce au mariage,
bannis la jolie veuve de ton cœur, et laisse le champ libre
à ton rival, c'est le meilleur moyen de te venger de lui.

PHILIBERT.

Lui laisser le champ libre; malheureusement c'est déjà
fait.

DARCEY.

Bah!...

PHILIBERT.

Hélas oui. Tu sais bien que je ne suis pas plus timide
qu'un autre; comment se fait-il donc que depuis un an que
j'aime, que j'adore madame de Roselle, je n'aie pu encore
prendre sur moi de me déclarer. Quand elle est absente,
je fais les plus beaux projets... des discours superbes!...
qui indubitablement la subjugueraient... et quand je la
vois... j'hésite... je balbutie... et si j'ose presser sa
main... entre les miennes... c'est pour lui tâter le pouls,
et lui demander des nouvelles de sa santé.

DARCEY.

Ah! tu en es là! je te croyais plus fort.

PHILIBERT.

Moi aussi! enfin la dernière fois que je la vis, je crois vraiment que j'allais parler... je me sentais d'une hardiesse ..
j'étais en verve...... lorsque j'appris par Fifine que j'a-
vais un rival... un rival mystérieux!... tu sens bien qu'a-
lors mon amour-propre se trouve blessé; et depuis quinze
jours je n'ai point remis les pieds chez madame de Roselle.

DARCEY.

Tu as bien fait!

PHILIBERT.

Mais j'y retournerai.

DARCEY.

Tu auras tort! tu veux donc te marier à toute force?
ainsi donc, mon exemple ne te suffit pas... eh bien! je
vais t'en citer un autre... tu me vantais tout-à-l'heure le
bonheur de deux ménages... le mien, n'en parlons point...
je jouis d'une tranquillité... d'un calme, insupportables....
quant à notre ami, l'estimable avoué, Oscar de Beaufour,
c'est autre chose; s'il passait un jour sans se quereller avec
sa femme, il dirait le soir en s'endormant : j'ai perdu ma
journée.

PHILIBERT.

Tu vas me citer là le personnage le plus singulier de
toute la Bazoche parisienne, un homme incapable d'apprécier les qualités de sa femme... un excellent convive...
mais sans goût, sans esprit; si ce n'est celui de la gourmandise; il laisse le soin de son étude à son premier clerc, et si,
par hasard, on le rencontre à la salle des Pas-Perdus, ce
n'est qu'avec un pâté de foie gras, ou une terrine de
Nérac, qu'il porte sous son bras en guise de dossier.

DARCEY.

Ne vas-tu pas en dire du mal... un ami!... un compa-
gnon de plaisirs.

PHILIBERT.

Le ciel m'en préserve ne savons-nous pas apprécier
comme lui tous les charmes de madame Chevet

DARCEY.

A la bonne heure, donc... à propos de gourmandise...
tu es des nôtres, ce matin... tu sais que je reçois à déjeûner plusieurs de nos amis, et entr'autres ce cher Oscar,
qui veut nous faire hommage d'une expédition succulente
qu'il a reçue de Strasbourg et du Périgord.

PHILIBERT.

Eh! parbleu... j'entends sa voix!

DARCEY.

Je m'étonnais aussi qu'il ne fût pas arrivé le premier.

SCENE IV.

LES MÊMES, OSCAR, *tenant sous son bras une bourriche, et un pâté encaissé.*

OSCAR, *en entrant.*

AIR : *Ah! bravo, Figaro.*

Ah! me voilà, me voilà, me voilà...
Oui, je suis là, je suis là, je suis là !
C'est ainsi que je voyage,
Et, chargé de ce fardeau,
Je me dis comme le sage :
O *mnia mecum porto.*
Poulardes fines,
Perdrix, bécassines,
Faisans de la Chine,
Salmi,
Brocoli,
Ou fraises du Chili,
Que n'êtes-vous ici !
Biscottes,
Charlottes,
Et fraîches compottes,
Nougas,
Ananas,
A notre fin repas,
Ne vous verrons-nous pas ?
Quant à moi, me voilà,
Oui, me voilà,   (*le* .)
Oui, je suis là.   (*1er.*)

(*Tirant sa montre.*)

Onze heures un quart... heure militaire !... (*au domestique qui le suit avec une bourriche d'huîtres*) Halte-là, beau page... c'est ici la frontière. allez préparer le champ de bataille... dans la salle à manger... voici les redoutes à enlever... allez !... (*lui montrant un panier de Champagne.*) Et que l'artillerie mousseuse soit frappée de glace... (*le domestique sort.*) Bonjour, mes amis... bonjour.

PHILIBERT.

Comment va la santé, mon cher Oscar ?

(*Il lui tâte le pouls.*)

OSCAR.

Voyez... approfondissez!... je vous préviens que je suis attaqué de deux maladies mortelles... la faim et la soif... je n'en ai jamais eu d'autres! (*il rit très-fort.*) ah ! ah! ah!

DARCEY.

C'est çà ! et vous n'avez besoin pour en guérir, que d'une ordonnance de votre cuisinier.

OSCAR.

Au moins, ce docteur là, ne me met pas à la diète comme Philibert. Quinze jours ! je les ai sur le cœur, pas sur l'estomac, par exemple!...

PHILIBERT.

Tranquillisez-vous mon cher malade! vous savez que quand je suis présent, vous avez carte-blanche.

OSCAR.

C'est vrai! aussi, depuis huit jours, nos séances gastronomiques ont été déclarées en permanence. Pas en comité secret, par exemple! car vous vous permettez d'amener des dames. Oh! mes amis, quelle faute!... la présence du beau sexe à table est une hérésie en fait de gourmandise... Hier, avez-vous assez abusé de mes talens? tandis que vous mangiez en riant, avec la servante justifiée et l'intéressante Clari, je découpais... je découpais..... je découpais... Çà mange tant, ces dames à pirouettes.

DARCEY.

Mais aujourd'hui, nous ne sommes qu'entre nous.

PHILIBERT.

Tous mauvais sujets !

OSCAR.

J'entends ! un repas de corps.

DARCEY.

Nous n'aurons pas même nos femmes.

OSCAR.

Tiens! je crois bien.

PHILIBERT.

Il me semble pourtant que la société de Madame Oscar, ne peut être que très-agréable.

DARCEY.

Ah! çà, ne vas-tu pas aussi lui parler des vertus de sa femme.

L'Art. 2

OSCAR.

Ah! mon ami, je vous en prie, nous sommes ici pour nous amuser. Ce n'est pas que je veuille médire de ma femme, madame Oscar de Beaufour. Nous vivons fort heureux ensemble: elle de son coté, moi du mien.... Appartement séparé.

PHILIBERT, *riant.*

C'était donc un mariage d'inclination.

OSCAR.

Oui, du côté des grands parens.

DARCEY.

Èt l'amour ?

OSCAR.

Je n'ai pas l'honneur de connaître ce petit gaillard-là.... Ma femme est fière, elle fréquente les hôtels du faubourg Saint-Germain, moi, l'hôtel des Américains... Elle recherche le luxe, l'éclat, les parures ; moi, la table, et quoique avoué au tribunal de première Instance... Des cinq Codes, je n'apprécie que le sixième .. Celui des gourmands... Aussi, ma femme me les reproche sans cesse... Dans notre querelle d'hier, par exemple, non, dans celle d'avant-hier...

PHILIBERT.

Il parait que chez vous, c'est périodique et quotidien.

OSCAR.

Dites donc, Darcey... Le docteur qui se permet de critiquer.

DARCEY.

Il est grand partisan du mariage.

OSCAR.

Vraiment! quelle folie ! Je l'attends à la fin de la lune de miel.

SCÈNE V.

LES MÊMES, Mlle PRUDENCE, *entrant d'un côté, un domestique de l'autre.*

PRUDENCE.

Madame, prie Monsieur de vouloir bien venir prendre le chocolat avec elle.

OSCAR , *à part.*

Oh ! le chocolat... Le dejeûner matrimonial.

DARCEY , *à part.*

Allons, encore. (*haut*) Dites à votre maîtresse , made-
moiselle Prudence, que j'aurais beaucoup de plaisir...
certainement.,. mais plus tard, en ce moment je me sens
indisposé.

LE DOMESTIQUE , *entrant.*

Ces Messieurs sont arrivés et vous attendent dans la
salle à manger.

DARCEY , *bas au domestique.*

Plus bas donc ! nous y allons.

OSCAR.

A la bonne heure... Parlez-moi de çà.

PHILIBERT , *à Oscar.*

Il était placé entre le vice et la vertu... je lui rends jus-
tice, il n'a pas hésité.

OSCAR , *à Darcey.*

Bien, mon ami... je suis content de vous ; vous marchez
avec le siècle... La gastronomie, c'est l'âme de la civilisa-
tion. Témoin, nos institutions modernes et la multiplicité
de nos petits bazars gastronomiques.

AIR : *Quand on ne dort pas la nuit.*

Les Américains, le gourmand,
Corcelet, ou le gastronome,
Madame Chevet, le friand,
On en compterait jusqu'à cent
Que dans tout Paris on renomme.
Autrefois, dans le bon vieux temps
On voyait tous les cœurs sensibles
Se prendre par les sentimens ;
   Maintenant
   On les prend
Par les comestibles !

A table ! à table !   (*Ils entrent dans la salle à manger.*)

SCENE VI.

Mlle PRUDENCE, *puis* Mme DARCEY.

PRUDENCE , *les regardant partir.*

Mariez-vous donc ! Madame qui est si bonne , si douce ,

si vertueuse, que faut-il donc faire pour fixer ces maudits hommes !

Mme DARCEY, *en négligé du matin.*

Eh ! quoi, Prudence ! tu es seule, où donc est-il ?

PRUDENCE.

Dans son appartement, Madame.

Mme DARCEY.

Tu ne l'as donc pas vu ?

PRUDENCE.

Au contraire, Madame, je l'ai vu... je lui ai parlé... je lui ai exprimé le désir que vous aviez de le voir , et là dessus, Monsieur a jugé à propos de rentrer chez lui, avec le docteur Philibert et ce gros gourmand d'avoué.

Mme DARCEY.

Jamais femme fut-elle traitée avec une si cruelle indifférence! et c'est toujours d'un air poli, galant même, que mon mari m'accable de son mépris... Mais dis-moi, quelles nouvelles Antoine t'a-t-il données hier ?

PRUDENCE.

Toujours les mêmes, Madame, Monsieur votre mari a passé une partie de la journée d'hier à Auteuil , chez cette prétendue veuve.

Mme DARCEY, *soupirant.*

Je ne peux donc plus en douter.

PRUDENCE.

Et le monde qui ne juge que sur les apparences , en voyant Monsieur, s'éloigner sans cesse de chez lui, met sans doute les torts de votre côté.

Mme DARCEY.

Va , crois moi, laissons parler ce monde que tu redoutes .. que me fait son opinion ! je ne crains point ses reproches, je ne désire point ses louanges... je veux pleurer seule, cacher mes peines , les supporter... Le temps peut les diminuer et la patience les adoucir! si mon mari conserve de l'honneur, de la sensibilité, ma complaisance le ramènera peut-être ; pourquoi rejetterais-je l'espérance de le voir revenir à moi.

PRUDENCE.

C'est cela même, quand Monsieur sera vieux , triste , goutteux, maussade, il viendra regretter auprès de vous les plaisirs qu'il ne pourra plus trouver près d'une autre.

AIR : *Une fille est un oiseau.*

Les maris sont, en effet,
Pareils à la girouette
Qui tourne et qui ne s'arrête
Que quand la rouille s'y met.
Lorsque leurs cœurs sont de glace ,
Lorsque la goutte tenace,
A nos genoux les terrasse ,
Ils daignent se rapprocher :
Voyez donc la belle grâce ;
Il faut bien rester en place,
Quand on ne peut plus marcher !

Mme DARCEY.

Ne parlons plus de cela, Prudence, et pendant que M. Darcey n'est pas là... donne-moi les comptes que j'ai demandés à notre homme d'affaires.

PRUDENCE.

Les voilà , Madame !

Mme DARCEY , *s'assied près d'une table et s'apprête à les examiner.*

Voyons !...

CHŒUR *dans la coulisse.*

AIR : *Ah ! quelle nuit pleine d'appas !*

Ah ! quel repas ,
Rempli d'appas !
A table ,
Amis , signalons-nous ,
A table , à table !
Que bientôt devant nous ,
Ce pâté délectable   (*bis.*)
S'écroule (*bis*) sous nos coups.   (*bis.*)

Mme DARCEY ,

Quel est ce bruit ?

PRUDENCE.

Ce sont ces messieurs qui déjeûnent.

Mme DARCEY , *lisant, après un soupir.*

« *Nouvelles sommes à accorder pour le trimestre prochain*
» *Dépenses pour les affaires particulières de Monsieur,*
» *trois cents louis.*»

PRUDENCE.

Les affaires particulières ! . et c'est Madame, qui est
forcée d'approuver.

Mme DARCEY.

Combien il en coûte, pour tant de vains plaisirs !.. Pas-
sons. (*elle lit.*) « *Pour la toilette de Madame.* » Ah! nous
pouvons réduire cela de moitié.

PRUDENCE.

Eh bien!.. à votre place... J'en mettrais le double... le
triple !..

AIR : *Vaudeville de l'Écu de six francs.*

Oui, moi, j'agirais à ma guise,
Je me révolterais bientôt.
            MADAME DARCEY.
Il faut bien que j'économise
Si mon mari dépense trop.
J'établis ainsi la balance,
Pour que ses torts restent cachés.

PRUDENCE.

C'est cela même.....

Monsieur commet tous les péchés,
Et Madame en fait pénitence...

Mme DARCEY, *sans l'écouter, et lisant toujours.*
Que vois-je?.... « *Réparations à faire à notre château de*
« *Laurency...* » Est-ce que mon mari voudrait le rendre
habitable et en prendre le titre... Mais qui vient ici?..

PRUDENCE.

C'est madame Oscar !..

SCÈNE VII.

LES MÊMES, Mme OSCAR, UN LAQUAIS.

Mme OSCAR.

Pardon, ma chère amie, si je viens vous arracher à vos
graves occupations... Mais, quoique vous soyez en retard
avec moi de plusieurs visites, je viens vous proposer ce
matin une promenade charmante avec quelques dames de
notre connaissance.

PRUDENCE.

Ah ! j'espère que voici une belle occasion... Madame veut-elle que je prépare sa toilette?..

Mᵐᵉ DARCEY.

Non, Prudence,... laisse-nous

(*Prudence sort avec le laquais.*)

SCÈNE VIII.

Mᵐᵉ DARCEY, Mᵐᵉ OSCAR.

Mᵐᵉ DARCEY.

Excusez-moi, ma chère amie, si je ne puis me rendre à votre invitation... Mais vous savez combien la toilette et la promenade ont peu d'attraits pour moi.

Mᵐᵉ OSCAR.

Pourquoi renoncer au monde? pourquoi vous affliger? Parce que votre mari vous délaisse. . mais de ce côté, ne serais-je pas plus malheureuse que vous, si je daignais m'apercevoir de la froideur et de la conduite de mon cher époux.

Mᵐᵉ DARCEY, *lui indiquant la porte à droite du spectateur.*
Chût! ils sont là!..

Mᵐᵉ OSCAR.

A table, je parie!

Mᵐᵉ DARCEY.

Oui.

Mᵐᵉ OSCAR.

Je m'en doutais... Combien ces messieurs sont aimables.. Heureusement je connais la dignité de notre sexe, et je sais me mettre au-dessus de pareils procédés.

Mᵐᵉ DARCEY.

Ma chère Amélie, je serais encore bien heureuse, si je n'avais à reprocher à M. Darcey que son indifférence!

Mᵐᵉ OSCAR.

Comment... et que voulez-vous dire?

Mᵐᵉ DARCEY.

Que je suis plus à plaindre que vous ne le pensez, et que le cœur de mon mari appartient à une autre.

Mme OSCAR.

Vous me surprenez...

Mme DARCEY.

Jusqu'à présent, je n'avais que des soupçons... aujour-
d'hui, j'ai une certitude bien cruelle... Avez-vous entendu
parler d'une jeune dame qui, depuis peu, demeure à Auteuil, et se nomme madame de Roselle.

Mme OSCAR.

Madame de Roselle ?

Mme DARCEY.

Eh bien !... cette tristesse que vous me reprochez sans
cesse, ces larmes que je voudrais en vain cacher à tous les
yeux... mes chagrins... mes tourmens, c'est elle qui les
cause ; c'est elle enfin qui m'a ravi le cœur de mon mari.

Mme OSCAR.

Ma bonne amie, je crois qu'en ce moment le dépit vous
abuse. Cette madame de Roselle que vous accusez, est
mon amie d'enfance, nous avons été élevées dans le même
pensionnat. Veuve depuis deux ans d'un magistrat distin-
gué, elle habite sa maison d'Auteuil, et je crois pouvoir
vous répondre d'elle comme de moi-même.

AIR *d'Aristippe.*

Sous les dehors d'une folie extrême,
Elle nous cache un cœur fait pour aimer,
Et ce serait la raison elle-même,
Si la raison savait toujours charmer.
Un sentiment dont vous seriez victime,
D'elle jamais n'obtiendrait de retour ;
Il faut avoir mérité son estime
Avant d'avoir des droits à son amour.

Mme DARCEY.

Ah ! que ne puis-je vous croire ? Mais, comme moi, l'on
vous a trompée... j'en ai la preuve.

Mme OSCAR.

Expliquez-vous.

Mme DARCEY.

Tous les jours M. Darcey se rend secrètement chez elle,
et n'en sort que fort tard...

Mme OSCAR.

C'est impossible !..

Mme DARCEY.

Je l'ai fait suivre.

Mme OSCAR.

Je ne reviens pas de ma surprise, et je ne puis croire
encore.....

OSCAR, *à haute voix, dans la coulisse.*

A la prospérité du sol périgourdin!

DARCEY, *de même.*

A la santé des belles !

TOUS LES CONVIVES.

A la santé des belles!.. (*On entend le choc des verres et
le tumulte de la fin d'un repas.*)

Mme OSCAR.

Tout ce que vous m'avez dit m'étonne à un point! Je
conçois un projet... Mais ces messieurs sortent de table.
Silence, jusqu'à ce qne nous ayons découvert la vérité.

SCÈNE IX.

LES MÊMES, DARCEY, PHILIBERT, OSCAR, CONVIVES.

(*Ils ont tous la tête un peu échauffée.*)

CHŒUR *entrant.*

AIR *de l'Ecarté.*

Profitons des beaux jours,
Le seul plaisir durable,
Mes amis, c'est à table
Qu'on le trouve toujours.

OSCAR.

Le sage doit bien déjeûner,
Sait-il, hélas! s'il doit dîner?

CHŒUR.

Profitons des beaux jours,
Etc., etc.

DARCEY.

Nous voilà! nous voilà!.. Vous vous impatientiez peut-
être, ma chère amie; mille excuses... Comment avez-
vous passé la nuit? Antoine, mon cheval est-il sellé?

OSCAR, *prenant la main à Darcey et à Philibert.*

Messieurs!.. dites donc!.. voilà ma femme... Si nous
nous en allions...

PHILIBERT.

Ah!.. y pensez-vous?.. cela serait inconvenant...

OSCAR.

C'est juste!.. (*à sa femme.*) Bonjour, madame... Comment avez-vous passé la nuit?.. qu'est-ce qu'on dit de nouveau à l'étude?

Mme OSCAR, *tournant le dos à son mari, et s'adressant à madame Darcey.*

Je vous le disais bien... que j'étais plus malheureuse que vous.

DARCEY, *à sa femme.*

Eh bien! ma chère... dites, comment vous trouvez-vous ce matin?

Mme DARCEY.

L'âme assez émue, Monsieur; mais les peines du cœur inquiètent peu ceux qui les font naître... aussi ne prennent-ils pas le soin de nous en consoler.

DARCEY.

Mais pardonnez-moi, Madame... les indispositions de l'âme... je vous assure, au contraire...

OSCAR.

Oui, oui... les peines du cœur!.. Est-ce que nous ne partons pas pour cette course au bois... Je crois que le docteur a peur d'engager une lutte avec moi...

PHILIBERT.

Non, non... je tiens plus que jamais à notre pari.

AIR : *Vaudeville de l'Homme vert.*

Cette lutte qui nous rassemble
Sera charmante, en vérité;
On verra galopper ensemble
La Bazoche et la Faculté.

DARCEY.

Mais, de vos belles cavalcades,
Qui paiera les frais et dépens?

OSCAR.

Cela regarde ses malades.....

PHILIBERT.

Cela regarde ses cliens!

DARCEY.

Allons, allons, partons!..

OSCAR.

C'est-çà... partons!.. partous!.. Antoine, mon chapeau... ma cravache...

Mme DARCEY, *à son mari.*

Vous sortez, Monsieur!

DARCEY.

Oui, Madame; non pour cette course... je déteste les courses. Mais j'ai une affaire... une affaire essentielle...

Mme OSCAR, *à demi-voix.*

Nous avons là deux maris qui sont des modèles de galanterie...

Mme DARCEY.

Puis-je au moins savoir, Monsieur, si vous serez assez obligeant pour revenir dîner avec moi.

DARCEY, *qui a pris son chapeau.*

Mais... vous promettre sans savoir... il serait fort inconvenant de vous faire attendre... peut-être oui... peut-être non.

Mme DARCEY, *cherchant à cacher son émotion.*

Quel dédain! toujours le même... il va chez elle, sans doute!...

DARCEY.

Mais qu'avez-vous donc?

Mme DARCEY.

Rien, Monsieur... rien...

DARCEY.

Pardon, vous paraissez émue! qu'avez-vous, ma chère Clarice?

(*Pendant le couplet suivant, Philibert parle bas à madame Oscar, et Oscar cause avec les convives.*)

AIR : *De Julien.*

Pourquoi ce mystère entre nous?
Qui peut donc causer vos alarmes?

MADAME DARCEY, *très-émue.*

Je n'ai pas de secrets pour vous.

DARCEY.

Pourtant vous me cachez vos larmes,
Un souvenir cause-t-il vos regrets?
Pourquoi ces pleurs que je vous vois répandre?

MADAME DARCEY.

Mes pleurs, vous sauriez les comprendre,
Si vous aviez aimé jamais...

PHILIBERT, *qui a observé Darcey et sa femme.*

Allons, allons, Darcey, tu ne seras pas des nôtres.

DARCEY.

Non, non... je ne sortirai pas, je passerai la journée avec ma bonne Clarice.

PHILIBERT.

Allons, Oscar, à notre pari! (*à madame Oscar.*) Madame, permettez-moi de vous offrir la main jusqu'à votre voiture.

OSCAR.

C'est çà... partons... justement je me sens en verve.

(*Il agite sa cravache d'un air triomphant.*)

OSCAR, PHILIBERT, LES CONVIVES.

AIR : *Contredanse de la Dame blanche.*

Allons, bien vite il faut partir,
   Pour courir
   Après le plaisir ;
Oui, puisqu'il nous appelle,
A sa voix il faut obéir !
Sans plus tarder, amis, sortons.
Discrètement, ici, laissons
   Ce couple fidèle !
Plus heureux, nous le reverrons.

(*Ils sortent ainsi que madame Oscar.*)

SCÈNE X.

Mᵐᵉ DARCEY, DARCÉY.

Mᵐᵉ DARCEY, *avec un sourire.*
Comment, Monsieur... vous me restez ?

DARCEY.

Oui, ma chère amie!... je veux passer la matinée toute entière avec toi... je m'en fais une fête... allons, allons, reprends un peu de gaîté... tu ne saurais croire combien un sourire te rend piquante.

Mᵐᵉ DARCEY.

Il ne tient qu'à vous, mon ami, de me voir toujours gaie.

DARCEY , *d'un ton caressant.*

Comment, j'aurais ce pouvoir sur toi?... sais-tu que tu me rends fier;... j'ai donc toujours le même empire sur ton cœur ?

Mme DARCEY.

En pouvez-vous douter!... ah! mon cher Edouard!... si vous le vouliez, je serais heureuse.

DARCEY , *la pressant légèrement dans ses bras.*

Vraiment!... je me reproche d'avoir négligé de te faire ma cour... de m'être trop occupé d'affaires... qui te sont étrangères... tu es si douce, si bonne... j'ai tant d'attache-ment pour toi.. ·   (*Il l'embrasse.*)

Mme DARCEY.

Ah! Monsieur !... ce bonheur que vous cherchez si loin... ne pourriez-vous donc pas le trouver ici ?

DARCEY.

Tu as bien raison, on n'est jamais si heureux que dans l'intérieur de son ménage... il suffit de se voir, de s'ai-mer, de se le dire... sans avoir recours à des distractions toujours importunes... Clarice! si tu faisais un peu de musique.

Mme DARCEY.

Volontiers, mon ami... je vais vous chanter cette ro-mance, dont vous avez composé pour moi, les paroles et la musique, quelques jours avant notre mariage.

DARCEY.

Ce n'est pas très-neuf... mais chanté pas toi.

Mme DARCEY, *qui a ouvert le piano , et approché une chaise,*
à part.

Allons!... je l'espère, je n'ai pas tout à fait perdu le cœur de mon Edouard.

DARCEY , *s'appuyant sur sa chaise.*

J'écoute !....

Mme DARCEY.

AIR *nouveau de M. Roga.*

Prolongeons le temps des amours,
Jurons de nous aimer toujours !

Tes yeux font naître mon délire ,
Plus que toi l'on ne peut charmer ,

Plus que moi l'on ne peut aimer,
Et mon bonheur est de redire :
Prolongeons le temps, etc., etc.

DARCEY, *applaudissant légèrement.*

Bravo!... charmant!... ne m'avais-tu pas parlé... si nous prenions le thé ensemble!... ce matin, tu chantes comme un ange!... le second couplet surtout va très-bien à ta voix... je vais sonner Prudence, n'est-ce pas ?

(*Il sonne.*)

Mme DARCEY, *se levant.*

Vous désirez prendre le thé, mon ami.

DARCEY.

Oui, avec toi.

SCÈNE XI.

LES MÊMES, Mlle PRUDENCE, *apportant le thé.*

PRUDENCE.

Madame a sonné... que vois-je ! Monsieur est ici !... en tête à tête avec Madame...

Mme DARCEY, *d'un air content.*

Prudence... sers-nous le thé.

PRUDENCE.

Ah! Monsieur... ah! ma chère maîtresse!... ce que je vois me fait un plaisir! je crois que j'en pleure de joie.

DARCEY.

C'est bien, ma bonne Prudence!... je vous sais gré de cette marque d'attachement... le thé... le thé, s'il vous plaît.

PRUDENCE.

Voilà, voilà, Monsieur... (*elle sert le thé sur un guéridon, et approche des sièges, à part.*) Laissons-les seuls, ils doivent avoir bien des choses à se dire.

(*Elle sort, Madame et M. Darcey s'attablent*)

Mme DARCEY, *à part.*

Je crois le moment favorable pour le ramener tout-à-fait.

DARCEY.

Le thé est excellent !

Mme DARCEY , *avec ménagement.*

Mon ami, puisque vous pouvez être si heureux chez vous... pourquoi fuir sans cesse un bonheur si facile... à quel prix achetez-vous des plaisirs frivoles et dangereux ; les veilles prolongées altèrent votre santé, vos dépenses exagérées nuisent à votre fortune... vous refusez souvent à la nature un repos qu'elle exige... les mets les plus délicats ne flattent plus votre goût.

DARCEY.

Au contraire, je viens de te dire que le thé est excellent.

Mme DARCEY.

Je ne veux pas mettre sous vos yeux le peu d'ordre qui régnait dans vos affaires... les pertes considérables que vous avez faites au jeu.

DARCEY , *à Prudence qui entre.*

Prudence... du sucre.   (*Elle en apporte, et sort.*)

Mme DARCEY.

Mettez la main sur votre cœur, mon ami... pensez-vous n'avoir aucun reproche à vous faire ?

DARCEY , *d'un air déjà un peu ennuyé.*

Crois bien, que mon cœur et mes principes...

Mme DARCEY.

Votre cœur est bon... et c'est à lui que je m'adresse : j'ai négligé le monde, tout ce qu'il a d'attrayant m'a peu flattée... j'ai fixé mes regards sur vous seul... vos goûts ont été mon étude... vos intérêts, ma principale occupation !... les heures qu'une femme de mon âge passe à sa toilette, je les ai passées avec votre homme d'affaires !...

DARCEY.

Intérêts !... homme d'affaires... tu dis vrai... tu as bien raison... je suis loin de te contredire. (*appelant.*) Prudence ! de l'eau.   (*Elle en apporte et sort.*)

Mme DARCEY.

Par mon économie, je vous ai fourni les moyens de vous éloigner plus encore de moi.

DARCEY , *ne l'écoutant presque plus.*

Tu parles au mieux..

(*Darcey s'appuie plus fortement sur sa chaise , et tourne un peu le dos à la table. Une musique en sourdine commence ici.*)

Mme DARCEY.

Je ne veux point vous parler des chagrins que vous m'avez causés le passé,.. je laisse à l'avenir le soin de le faire oublier... Je ne m'oppose point à ce que vous goûtiez les plaisirs que votre âge et votre fortune vous mettent à même de rechercher. mais au moins, soyez mon ami, payez ma tendresse par des égards... continuez, comme aujourd'hui, à me montrer quelqu'assiduité... daignez... (*elle se lève, le regarde et s'aperçoit qu'il dort.*) Hélas! à qui s'adressent mes discours?... il ne m'entend plus!... l'ingrat!... cet homme est insensible!

(*Elle se couvre la figure de son mouchoir.*)

AIR :

Non , plus d'espoir ! j'ai perdu sa tendresse !
Ce dernier trait m'éclaire sur mon sort.

PRUDENCE, *entrant avec un plateau.*

Ah ! quel beau jour pour ma bonne maitresse !
Madame !... eh bien !... que vois-je ?... il dort !

FIN DU PREMIER ACTE.

Acte deux.

Le Théâtre représente un kiosque élégant, en forme de boudoir.
Le fond est entièrement ouvert, et laisse voir un jardin anglais
et une terrasse, de laquelle on descend au moyen d'un escalier
pratiqué au milieu. Une toilette, une harpe, un tabouret, des
chaises garnissent le kiosque. A droite et à gauche sont deux
portes qui sont censées conduire dans les appartemens.

SCÈNE PREMIÈRE.

Mme DE ROSELLE, FIFINE.

Mme DE ROSELLE, *achevant une lecture.*
« Le principal mérite d'une femme, n'est pas de savoir
» charmer, la difficulté pour elle, c'est d'entretenir l'amour
» qu'elle a fait naître. » J'aime assez cette idée... il n'y a
qu'une femme qui puisse donner de tels préceptes.

FIFINE, *brodant.*
Oui, Madame,... mais bien peu d'entre nous savent les
mettre à exécution.

Mme DE ROSELLE.
Cela est vrai... A propos, Fifine, où sont ces romances
et ces jolis nocturnes qui me sont nouvellement arrivés de
Paris?

FIFINE.
Les voici, Madame.

Mme DE ROSELLE.
C'est bon, c'est bon... mets-les là... (*allant vers sa
toilette.*) Voilà des cheveux qui m'impatientent... cette bou-
cle-là veut toujours se séparer des autres. (*regardant les
romances.*) Voyons les titres. Rien d'Auber.... de Boyel-

dieu... allons, décidément je m'en tiendrai à la chanson qu'a dernièrement composé pour moi le vicomte de Laurency... Je veux la savoir avant qu'il n'arrive.

(*Elle fredonne quelques notes de musique.*)

FIFINE.

Savez-vous, Madame, que M. de Laurency...

Mme DE ROSELLE.

Il est fort aimable, n'est-ce pas?

FIFINE.

Oui, Madame, fort aimable, je le crois... mais pourquoi monsieur le vicomte met-il toujours un air de mystère dans les visites qu'il vous rend?... pourquoi les stores de sa voiture sont-ils toujours baissés?... pourquoi son coupé est-il toujours sans armes, et ses gens sans livrée?...

Mme DE ROSELLE.

Eh bien' c'est peut-être tout cela même qui me plaît en lui... d'ailleurs, c'est pour moi une ancienne connaissance: je l'ai vu aux eaux... il plaisait beaucoup à mon oncle le conseiller... Veuve, libre de mon choix... retirée dans ma solitude d'Auteuil, ne puis-je y braver la médisance? (*Elle fredonne.*)

FIFINE.

Eh bien, Madame, je me méfie de tout cela... et si vous vouliez m'en croire... Mais vous chantez au lieu d'écouter mes conseils.

Mme DE ROSELLE.

Oui, Fifine... par une raison toute simple... c'est que je sais me conduire, et que je ne sais pas ma chanson.

FIFINE.

Ah! si ce pauvre M. Philibert savait cela... lui qui vous aimait tant.

Mme DE ROSELLE.

Lui? m'en a-t-il jamais dit un mot?... Monsieur prend de l'humeur... il est plus de quinze jours sans venir me voir... Mais j'entends du bruit au bout de la terrasse.

FIFINE.

Quelqu'un descend de cheval.

Mme DE ROSELLE.

Est-ce le vicomte ?

FIFINE.

Non, Madame... c'est M. Philibert.

Mme DE ROSELLE.

Vraiment, c'est lui... Comment me trouves-tu, Fifine? comment suis-je aujourd'hui?

FIFINE.

Très-bien, Madame.

Mme DE ROSELLE.

En ce cas, fais entrer.

SCÈNE II.

LES MÊMES, PHILIBERT.

PHILIBERT.

C'est encore moi, Madame.

Mme DE ROSELLE.

Encore vous?... mais il y a quinze jours qu'on ne vous a vu.

PHILIBERT.

Quinze jours!... vous les avez comptés?

Mme DE ROSELLE.

Non, Monsieur; mais je pensais que des occupations importantes...

PHILIBERT.

En effet! si vous me revoyez, si ma présence vous contrarie... croyez qu'il n'y a rien de ma faute... J'étais au bois avec mon ami Oscar que vous connaissez... Il s'agissait d'un pari, d'une course entre nous... nous étions prêts à partir... on donne le signal.

AIR *d'une Marche catalane.*

Au galop!... au galop!... au galop ...
    Avec assurance
    Chacun s'élance;
Au galop, au galop, au galop,
    Nous passons bientôt
    La porte Maillot.

    Déjà mon cher rival,
    Sur son cheval,
    En faible écuyer,
    Perdant l'étrier,
    Se laisse effrayer;
    Je l'entends crier

Qu'il ne veut plus parier.
Mais je l'avais passé,
Son cheval lassé
Se voit en retard,
Lui fait un écart,
Et puis, sans égard,
Au rond Mortemart
Dépose Oscar
Et repart...
Au galop, au galop, au galop,
Le laissant par terre,
Et dans la poussière,
Au galop, au galop, au galop...
En faisant un saut,
Il s'enfuit bientôt.

A mon coursier soudain,
Je lâche la main ;
Il sait, entre nous,
Le chemin si doux
Qui conduit chez vous ;
Car, plus d'une fois,
Il le franchit autrefois...
Moi, sans m'inquiéter,
Me laissant porter,
Vraiment j'ignorais
Qu'ici je venais :
Je m'en aperçoi ;
Mais quand je le voi,
Dans votre cour, malgré moi,

Au galop... au galop... au galop...
Mon cheval me mène,
Ou plutôt m'entraîne
Au galop, au galop, au galop,
Il me mène ici,
Et bref, me voici.

Mme DE ROSELLE.

En vérité, Monsieur, vous avez un coursier qui est plus aimable que vous... Fifine, fais en sorte qu'on lui donne des soins... je veux que mes gens lui témoignent toute ma reconnaissance.　　　　(*Fifine sort.*)

PHILIBERT.

Quant à moi qui ne mérite pas autant d'égards... j'aurais craint d'être indiscret... et par hasard, Madame, si j'avais troublé quelque visite qui vous fût plus agréable que la mienne... certain vicomte, je suppose.

Mme DE ROSELLE.

Que voulez-vous dire?... existe-t-il une loi qui défende aux dames de recevoir les hommages d'un homme aimable, fut-il même titré?... Si cette loi était proposée, je suis sûr que la Chambre des Pairs la rejeterait à l'unanimité.

PHILIBERT.

D'accord, Madame... mais vous avouerez du moins que j'ai bien du malheur, puisqu'un autre... car enfin, vous n'avez pu... vous y tromper... et quoique... mes sentimens...

SCÈNE III.

LES MÊMES, FIFINE.

FIFINE, *entrant.*

Une dame est en bas dans sa voiture, et demande à parler en secret à Madame.

Mme DE ROSELLE.

En secret!... que peut-elle me vouloir?... Fifine, faites monter par cet escalier.

(*Elle indique du doigt la gauche du théâtre.*)

PHILIBERT, *à part.*

Quelle indifférence!... recevoir si facilement... quand notre discussion allait devenir si intéressante... (*haut.*) Madame, je me retire.

Mme DE ROSELLE.

Vous partez, docteur? serons-nous encore quinze jours sans vous revoir?

PHILIBERT.

Je l'ignore, Madame. (*Il salue froidement et sort.*)

SCÈNE IV.

Mme DE ROSELLE, Mme DARCEY, FIFINE.

Mme DE ROSELLE.

Il est piqué!.. je le reverrai bientôt... mais quelle peut être cette dame, et pourquoi n'a-t-elle pas dit son nom?..

(*Madame Darcey entre. Toutes deux se saluent avec réserve et politesse.*) Madame, l'honneur que vous daignez me faire.

Mme DARCEY.

Voudrez-vous bien , Madame, excuser une liberté...

Mme DE ROSELLE.

Fifine... approchez des siéges !

(*Fifine approche des siéges et sort : les deux dames s'asseyent.*)

Mme DARCEY.

La visite d'une personne qui n'a pas l'honneur d'être connue de vous, peut vous paraître extraordinaire , importune même... et sans madame Oscar, je n'aurais osé...

Mme DE ROSELLE.

Elle est mon amie intime, et je la remercie d'avance de m'avoir adressée une dame dont le ton et les manières... annoncent...

Mme DARCEY.

Elle vous a présentée sous des traits si avantageux.... m'a fait une peinture si animée de votre obligeance, que j'ai risquée une démarche... Je viens éprouver, Madame, si ce caractère sensible et généreux... peut vous engager à... à...

Mme DE ROSELLE.

A quoi , Madame...

Mme DARCEY.

A me rendre un service important; mais avant de m'expliquer... j'oserai vous adresser une question. (*cherchant à lire dans ses regards.*) Quelle est votre opinion sur M. Darcey ?

Mme DE ROSELLE.

M. Darcey ! ce nom m'est inconnu, Madame.

Mme DARCEY , *se levant.*

Alors, je n'ai plus rien à vous dire... permettez-moi....

(*elle va pour se retirer.*)

Mme DE ROSELLE , *à part, la regardant.*

Ce ton... cet air... tout cela me paraît étrange.(*haut en l'arrétant.*) Vous venez d'exciter ma curiosité, Madame, daignez reprendre votre place, et m'apprendre quel est ce M. Darcey ?

Mme DARCEY , *d'un ton très-ému.*

Vous n'avez aucun intérêt à le savoir, et moi je craindrais de vous répondre.

Mme DE ROSELLE, *à part.*

Comme elle paraît agitée... son émotion me touche... (*haut et avec intérét.*) De grâce, Madame, expliquez-vous... ne craignez pas de m'accorder votre confiance et dites-moi qui vous êtes.

Mme DARCEY, *hésitant.*

Une femme autrefois heureuse... aujourd'hui bien à plaindre ; jusqu'à présent j'avais cru posséder le cœur de mon mari, mais il m'a été ravi, et c'est une autre qui maintenant est parvenue à le fixer.

Mme DE ROSELLE.

Si c'est là le seul sujet de vos peines, je crains de ne pas le traiter assez sérieusement pour vous plaire... Cependant tout m'intéresse en vous... j'aimerais à vous servir... mais, Madame, n'attachez-vous pas trop d'importance à un malheur si commun..., l'inconstance d'un mari est-elle donc une chose si rare... sachons nous résigner dans les calamités générales.

Mme DARCEY.

Me résigner... ah ! Madame !.. est-ce possible... quand on aime sincèrement.

Mme DE ROSELLE.

Croyez-moi... si sans avoir du goût pour une autre, votre époux vous montrait une froideur habituelle, vous auriez raison de vous affliger... mais la beauté, les grâces ont conservé leur empire sur son cœur, et pour reprendre vos droits, Madame, vous n'avez qu'à vous servir de vos avantages.

AIR : *De la Robe et les Bottes.*

En fait d'amour, quand nous faisons la guerre,
Nous triomphons toujours facilement,
Les hommes ne résistent guère ;
Mais nos vaincus s'échappent aisément.
Charmer, pour nous n'est qu'une faible gloire,
Nous n'avons pas cueilli tous nos lauriers,
Le difficile, après une victoire,
C'est de savoir garder nos prisonniers.

Mme DARCEY.

Mais quand on n'a rien à se reprocher, et qu'une con-duite exacte...

Mme DE ROSELLE.

Ah! nous y voilà!.. j'aurais parié que vous alliez me tenir ce langage, cette folie nous est commune à toutes.

Mme DARCEY.

Peut-on changer son caractère ?.. je l'avoue, depuis deux ans mon mari m'a toujours vue égale dans mes procédés... dans mes sentimens

Mme DE ROSELLE.

Eh ! voilà le mal... je jurerais que votre rivale est mille fois moins belle que vous, et moins digne d'être aimée... mais je jurerais aussi qu'elle possède une adresse... un art, dout vous ne savez pas faire usage... Ne l'avez-vous jamais vue ?

Mme DARCEY , *hésitant.*

Cette question m'embarrasse.

Mme DE ROSELLE.

Pourquoi ? quelle sorte de femme est-ce ?

Mme DARCEY.

Madame...

Mme DE ROSELLE.

Est-elle donc si redoutable ?

AIR : *Vos Maris en Palestine.*

Si j'étais à votre place,
Moi, je ne la craindrais pas ;
Montrez un peu plus d'audace !
MADAME DARCEY.
J'aurais peur de tels combats...
Chez elle, l'esprit, la grâce,
S'unissent à mille appas ;
Pourtant, j'en conviens tout bas...
Si j'étais à votre place,
Moi, je ne la craindrais pas.....

Mme DE ROSELLE.

Vous avez trop de modestie et pas assez de confiance dans vos forces. Croyez-moi, au lieu de vous désespérer.. entrez hardiment dans la lice... osez le disputer à votre rivale, tournez contre elle les armes dont elle se sert pour blesser votre cœur et je vous réponds de la victoire.

SCÈNE V.

LES MÊMES, Mme OSCAR.

Ah ! vous voilà, mes bonnes amies, j'ai forcé la consigne en apprenant que vous étiez ensemble... Bonjour, Caroline ! (*à madame Darcey.*) Eh bien ! Madame, êtes-vous satisfaite de cette entrevue et me remercierez-vous de vous avoir donné cette nouvelle amie ?

Mme DARCEY, *à demi-voix à madame Oscar.*

Elle est charmante... et maintenant tous mes soupçons sont dissipés.

Mme DE ROSELLE.

Une nouvelle amie !.. oui... je serais fière de mériter ce titre... de partager entre vous deux un sentiment si doux, et mon plus grand désir serait de vous voir également heureuses

Mme DARCEY.

Hélas !.. malgré vos conseils je ne sais si je dois l'espérer encore.

Mme OSCAR.

Et moi, je ne l'espère plus...

Mme DE ROSELLE.

Que veux-tu dire ?

Mme OSCAR.

Que ce matin, en sortant de chez madame Darcey, j'ai encore éprouvé, de la part de mon mari, les humiliations les plus sensibles...Tout entier au plaisir qu'il se promettait, il n'a pas daigné m'adresser un mot, un seul mot Est-il rien de plus insultant, et devant ces messieurs, encore. Je semblais être une étrangère pour lui...

Mme DE ROSELLE.

C'est qu'aussi les torts sont peut-être un peu de ton côté.

Mme OSCAR.

Comment ?

Mme DE ROSELLE, *passant entr'elles.*

Ecoutez : de mes deux amies, l'une n'use pas assez des avantages que le hasard lui a donnés, l'autre en abuse peut-être... Quoiqu'indispensable, la vertu seule ne suffit

pas pour attacher, si un peu d'adresse ne lui prête son secours... L'art de se faire aimer de son mari, c'est de savoir obéir sans faiblesse et de ne jamais négliger ce qui l'a
charmé en nous... Vous avez donné dans les deux excès...
(*à madame Oscar.*) Toi, par trop de fierté. (*à madame
Darcey.*) Vous, par trop d'abandon!.. Croyez-moi, Madame, voulez-vous le fixer... rassemblez autour de vous
tous les plaisirs... et surtout variez-les à l'infini... s'il
vous a laissée triste, qu'il vous retrouve gaie... Soyez
tout ce qu'il aime... tout ce qui peut lui plaire. Toi, ma
chère Amélie, montre lui moins d'aigreur et de dédain,
daigne faire quelques pas au-devant de lui pour l'attirer à
toi. Peut-être pour t'aimer, ton mari n'attend-il que ta permission... Maintenant, mesdames, que chacune de vous
se rappelle la leçon que je viens de lui donner, car il paraît que décidément je suis devenue un grave professeur,
que l'on vient consulter de toutes parts sur l'art si difficile
de se faire aimer de son mari.

SCÈNE VI.

LES MÊMES, FIFINE, *accourant.*

FIFINE.

Madame, madame, Monsieur le vicomte de Laurency
vient d'entrer... il est en bas...

Mme DARCEY, *à part.*

Le vicomte de Laurency!.. quel soupçon!..

Mme OSCAR.

Quel est ce Monsieur de Laurency?

Mme DE ROSELLE.

Un homme assez aimable qui me fait la cour.

Mme DARCEY.

Comment... à vous?

Mme DE ROSELLE.

Et pourquoi pas... ne puis-je à mon gré disposer de
ma main?.. (*à Fifine.*) Mais, Fifine, allez lui dire que j'ai
compagnie et que je ne puis le recevoir...

Mme OSCAR.

Non... je craindrais d'être indiscrète, et je me retire...
D'ailleurs je tiens à mettre tes conseils à l'essai... je re-

monte en voiture, je me dirige du côté du bois ; sans doute
y rencontrerai-je Monsieur Oscar.

Mme DE ROSELLE.

C'est cela, commence dès aujourd'hui.

Mme OSCAR.

M'accompagnez-vous, ma chère Clarice?..

Mme DE ROSELLE.

Non... je la garde!..

Mme DARCEY.

Comment... Mais je ne voudrais pas être vue...

Mme DE ROSELLE.

Ecoutez... Monsieur de Laurency me recherche... vous
allez voir comment je me conduis avec lui.

AIR : *Au Plaisir, à l'Amour*.

Suivez bien ma leçon,
Le bonheur de la vie,
Souvent à la folie
Doit plus qu'à la raison.
Votre mari, d'un amant ne diffère
Que par des soins, des sermens oubliés,
Mais entrez là, vous saurez la manière
De ramener ces messieurs à vos pieds !

FIFINE, *rentre et annonce*.

Monsieur le vicomte de .....

Mme DE ROSELLE.

Bien ! (*à madame Oscar.*) Toi, sors par cette porte et
cours au-devant de ton mari... (*à madame Darcey.*) Vous,
entrez vite dans ma bibliothèque... à travers cette jalousie, vous verrez... vous entendrez tout...

Mme DARCEY.

Mais pourtant...

ENSEMBLE.

Suivez bien ma { leçon,
Suivez bien sa {
Le bonheur de la vie,
Etc., etc.

(*Madame Darcey entre dans la chambre à la droite du
théâtre ; madame Oscar et Fifine sortent par la gauche.*)

SCÈNE VII.

MADAME DE ROSELLE, DARCEY.

Mme DE ROSELLE, *qui s'est mise à sa toilette et arrange ses cheveux en se regardant dans la glace.*
Ah! c'est vous, vicomte.

DARCEY, *la saluant dans la glace.*
Quelle charmante image!.. En restant ainsi en contemplation devant elle, ne craignez-vous pas, Madame, le sort de ce jeune berger de la fable... qui...

Mme DE ROSELLE.
Comment, vicomte, un compliment mythologique... mais depuis un siècle cela est passé de mode!.. Je vous en prie, Monsieur, même dans votre amabilité, soyez un peu plus romantique.

DARCEY.
Pour me faire entendre de vous, je serai même incompréhensible si vous l'exigez, Madame...

Mme DE ROSELLE.
De grâce, soyez aimable aujourd'hui, j'en ai besoin pour me distraire... car je suis d'une humeur!..

DARCEY.
Grand Dieu!.. vous serait-il arrivé quelque malheur?

Mme DE ROSELLE.
Oui, Monsieur, un grand malheur... une maudite boucle de cheveux qui se révolte...

DARCEY.
En effet, Madame, je vous plains de tout mon cœur... mais rassurez-vous, vous ne m'en paraîtrez pas moins jolie!..

Mme DE ROSELLE.
Et qui vous dit, Monsieur, qu'il n'y ait qu'à vous que je veuille paraître jolie...

DARCEY.
Je conçois, Madame, que mes hommages seuls ne puissent satisfaire votre ambition.

Mme DE ROSELLE.
Je crois vraiment que vous êtes piqué... ah! ce serait de

l'ingratitude... moi, qui viens de me donner un mal pour apprendre votre romance.

DARCEY.

Quoi, Madame... vous sauriez...

Mme DE ROSELLE.

Oui, Monsieur, je la sais par cœur; et je veux vous la chanter tout de suite, car demain, sans doute, je l'aurai oubliée... Savez-vous que les paroles en sont très-tendres... elles sont de vous... n'est-ce pas?

DARCEY.

Oui, Madame... et celle qui les a inspirées, méritait...

Mme DE ROSELLE.

C'est bon, vicomte... je ne vous demande pas cela... approchez ma harpe, je vous prie...... (*Il approche la harpe.*) Mon tabouret. (*Il place le tabouret.*) Vous chanterez avec moi... la romance s'il vous plaît... elle est là... sur ma toilette..... ma harpe est d'accord..... j'attends, Monsieur !...

(*Darcey, en y mettant une expression marquée, chante avec madame de Roselle, la romance que madame Darcey a chanté dans le premier acte.*)

ENSEMBLE.

Prolongeons le temps des amours,
Jurons, etc. , etc.

DARCEY.

Ah! Madame, vous chantez avec une âme!...

Mme DE ROSELLE.

Vous trouvez... je ne sais pourquoi la musique m'avait semblé plus jolie ce matin... elle est de vous, aussi?

DARCEY.

Oui, Madame!...

Mme DE ROSELLE.

Je ne chanterai pas le second couplet... (*Darcey, avec le plus grand empressement, remet chaque chose en place.*) C'est bien... merci, vicomte... ce matin, vous êtes un homme charmant, j'en conviens... mais en feriez-vous autant pour votre femme?

DARCEY, *troublé.*

Pour... ma femme?

Mme DE ROSELLE.

Oui ; je voulais dire que si quelqu'un faisait la folie de vous épouser.

DARCEY.

Ah ! oui... oui, Madame !... je comprends !... (*à part.*) Elle m'a fait une peur... n'importe, ne nous troublons pas. (*haut.*) Si vous saviez combien cet air aimable me ravit, me transporte... ce n'est qu'auprès de vous que j'ai senti le bonheur d'aimer... et ces couplets ne sont que l'expression vive de ce que je ressens... loin de vous, votre image seule occupe ma pensée... elle me poursuit, me charme et me tourmente... enfin, Madame, je n'en dors pas.

Mme DE ROSELLE.

Vraiment !... vous ne dormez pas ?

DARCEY.

Mais pour prix d'un sentiment si pur, si sincère, ne puis-je donc espérer un tendre retour. (*il se jette à ses pieds.*) C'est à vos genoux que je l'implore.

Mme DE ROSELLE, *riant.*

Ah ! ah ! ah !

DARCEY.

Qu'avez-vous, Madame ?

Mme DE ROSELLE.

Rien, Monsieur... rien... c'est que... ah ! ah ! ah ! vous, monsieur le vicomte de Laurency... un de nos élégans... mais, Monsieur, il y a dix ans qu'on ne se jette plus aux genoux des dames.

AIR : *Donnez quelque chose à la fille.*

Allons, Monsieur, relevez-vous...
Cela ne se fait plus en France.
Mais, de tant de soins aussi doux,
Tenez, prenez la récompense.....
(*Elle lui présente sa main.*)

(*à part.*) Qu'il est soumis et complaisant...
Voilà, Messieurs, comme l'on vous enchante !

(*Désignant la porte du cabinet, et tandis qu'il lui baise la main*)

Mon élève qui nous entend,
De moi, je crois, sera content !

(*En ce moment madame Darcey, qu'on a entrevue à la jalousie du cabinet, disparaît ; on entend une chaise qui se dérange.*)

SCÈNE VIII.

LES MÊMES, FIFINE, *accourant.*

MORCEAU D'ENSEMBLE.

FIFINE.
Au secours!... au secours!... vite, accourez, Madame...
MADAME DE ROSELLE.
Mais quel événement fatal !
FIFINE.
Vite... un soin pressant vous réclame ;
Car, chez vous, cette pauvre dame
Vient soudain de se trouver mal.
MADAME DE ROSELLE.
Ah ! quelle fâcheuse nouvelle!
FIFINE, *à demi-voix.*
Mais dans ce moment, par bonheur...
Monsieur Philibert, le docteur
Est revenu.... je l'ai conduit près d'elle.
MADAME DE ROSELLE.
Ah ! n'importe... je cours!...

(*Elle sort précipitamment, suivie de Fifine.*)

SCÈNE IX.

DARCEY, *seul.*

Elle me laisse là !...
Heureusement personne ne saura
Quel intérêt ici m'appelle ;
Esquivons-nous!...

OSCAR, *dans la coulisse.*

Merci, ma chère amie, je suis vraiment confus de tant de
soins, d'égards... vous êtes charmante, et je vous rejoins
dans l'instant.

DARCEY.

Qu'ai-je entendu ?...
Oscar avec sa femme... O ciel ! je suis perdu...
Où fuir !... où me cacher !... frappons à cette porte,
A tout prix il faut que je sorte...

(*Il frappe au cabinet où sont retirées les dames.*)

Ouvrez !... ouvrez !... quel embarras !...
Ouvrez !... ouvrez !...

PHILIBERT *ouvrant la porte, et se montrant tout-à-coup aux yeux de Darcey.*

On n'entre pas !...

(*Parlant.*) Que vois-je ! eh quoi, c'est toi, Darcey ?

SCÈNE X.

DARCEY, PHILIBERT, OSCAR.

Suite du morceau.

PHILIBERT, *à part.*
Bon ! tout réussira, j'espère,
Je sais ce qui me reste à faire...
DARCEY, *à part.*
O ciel !... quelle fâcheuse affaire,
Pour m'échapper, comment donc faire ?
OSCAR, *entrant par le fond.*
Quelle figure singulière !
Que veut dire tout ce mystère ?

ENSEMBLE.

PHILIBERT, *à part.*
Elle vient de revenir à elle... ayons l'air de tout igno-
rer...

OSCAR.
Eh ! mes chers amis ! par quel hasard vous trouvez-vous
ici tous les deux ?

PHILIBERT.
Demandez à Darcey... il vous expliquera sans doute
comment il est venu.

DARCEY.
Mais je suis venu... dans ma voiture ! (*à part.*) Que lui
dire ?

OSCAR.
Ah ! mon dieu !... ce cher ami a l'air tout bouleversé...
est-ce que par hasard vous auriez fait comme moi, une
culbute chevaleresque ?... Ingrat docteur ! je vous garde
rancune, à vous !... laisser un ami dans la poussière...
oh ! là, là... l'épaule !

PHILIBERT.

C'est bien, c'est bien... il n'y a pas de danger!... mais ce qui m'inquiète, c'est ce pauvre Darcey qui est tout pâle.

DARCEY, *semblant concevoir une idée.*

Oui, oui... mon cher Philibert, en effet... je ne sais ce que j'éprouve... je me sens oppressé... embarrassé... surtout... et c'est même là, le seul motif qui m'amène ici, car sans doute, tu dois être étonné de m'y voir?... je t'y cherchais, docteur, pour te consulter.

PHILIBERT.

AIR : *Du pot de fleurs.*

Mon ami, plus je te regarde,
Plus je vois que tu n'es pas bien ;
A ta position prends garde...

DARCEY.

Sans doute ce ne sera rien.

PHILIBERT

Non, c'est vraiment, ne t'en déplaise,
Plus sérieux que tu ne crois....
Et, d'après tout ce que je vois...
Tu ne dois pas être à ton aise.

OSCAR, *les prenant tous les deux par la main.*

Attendez, mes amis... je tiens la cause de son indisposition... c'est le pâté de foie gras; ces gens-là, çà veut lutter avec moi à table, et çà n'est pas de force... à cheval, je ne dis pas... aye! aye!

PHILIBERT, *tâtant le pouls à Darcey.*

Ce n'est pas tout-à-fait cela... à propos, tu ne sais pas... maintenant je suis au mieux avec madame de Roselle... je me suis déclaré enfin... mon rival est encore venu... tu te rappelles... ce lutin... ce sorcier, dont tu me parlais ce matin.

DARCEY.

Oui... oui!... (*à part.*) Le diable t'emporte, va!

PHILIBERT.

Eh bien! mon ami, je m'alarmais à tort, elle se moquait de lui.

DARCEY.

Bah! tu crois...

L'Art.   6

PHILIBERT.

Tu as le pouls bien agité.

OSCAR.

Comme il est rouge, à présent!

PHILIBERT, *à part.*

Songeons à exécuter les instructions que j'ai reçues.
(*haut.*) Ecoutez! écoutez! je vais vous faire une confidence,
et vous allez juger de mon embarras. (*ils se rapprochent
tous les trois.*) Vous saurez, mes amis, que pour me venger
de madame de Roselle, depuis quinze jours j'adressais mes
hommages à une autre dame... c'est elle qui est dans ce
pavillon, et qui vient de se trouver mal, en apprenant que
son mari, qui ne se doute pas de sa présence, est en ces
lieux.

OSCAR.

Une femme mariée!... sont-ils mauvais sujets!... ce
n'est pas comme moi, qui viens de me raccommoder avec
madame Oscar.

DARCEY.

Comment, le mari est ici?

PHILIBERT.

Oui, le mari est ici... à Auteuil; et il est indispensable,
pour un projet que nous avons conçu, que la dame soit
rentrée chez elle avant lui.

OSCAR.

Oh! alors, çà se complique.

PHILIBERT, *à Oscar.*

Taisez-vous donc.(*à Darcey.*) Mais comme est elle venue
ici, dans une simple voiture de place, qu'elle a renvoyée,
il faut absolument que tu lui prêtes la tienne.

DARCEY.

Oui... mais moi...

PHILIBERT.

Pour toi, çà se trouve à merveille... dans ta position,
l'exercice t'est devenu nécessaire, et je suis sûr que la
promenade te fera beaucoup de bien.

OSCAR.

C'est çà, mon cher... allez vous promener.

PHILIBERT.

Vois-tu, tu vas traverser le bois de Boulogne dans toute
sa longueur; tu rejoindras la route de Madrid, tu sortiras par
la porte de Neuilly, en rabattant par la barrière de l'Etoile.

OSCAR.

Ce qui fera tout au plus trois à quatre petites lieues.

PHILIBERT.

Et je réponds que tu rentreras chez toi, bien portant.

PHILIBERT.

AIR : *Fragment du Hussard de Felsheim.*

Hâtons nous ; pour que tout aille bien ,
Il faut que le mari ne se doute de rien.

DARCEY.

Je trouve l'aventure
Piquante , je vous jure...

PHILIBERT.

Et moi... j'en ris aussi.

OSCAR.

Darcey va faire, en complaisant ami ,
Avancer sa voiture.

TOUS.

Ah ! c'est charmant !

OSCAR.

Je donnerai soudain
Le signal en frappant trois coups dans la main.

TOUS.

Jurons une étroite alliance ;
Dans peu tout aura réussi :
Du mystère , de la prudence,
Et nous rirons aux dépens du mari.

(*Darcey et Oscar sortent.*)

SCÈNE XI.

PHILIBERT , Mme DE ROSELLE , Mme OSCAR ,
Mme DARCEY.

PHILIBERT , *à part.*
Bon ! pour mon compte , me voilà déjà à moitié vengé...
(*allant vers le pavillon.*) Maintenant, Mesdames, vous pouvez approcher sans crainte... il n'est plus là.
Mme DE ROSELLE, *soutenant légèrement madame Darcey.*)
De grâce, ma chère amie , remettez-vous, et montrez
plus de courage ! (*à Philibert.*) Eh bien ?

PHILIBERT.

Tout s'est passé comme vous l'aviez prévu... Darcey ne

se doute de rien, et grâce à sa voiture qu'il veut bien nous prêter, Madame sera rentrée chez elle avant qu'il n'ait pu s'apercevoir de son absence.

Mme DARCEY.

M'a-t-il assez cruellement trompée!...

Mme DE ROSELLE, *en souriant.*

Et moi?

PHILIBERT.

Et moi, donc?

Mme DE ROSELLE, *à madame Darcey.*

Oui, mais grâce à la coalition que nous venons de former, il faudra bien qu'il tombe à vos genoux!..... Il est temps d'agir... le conciliabule commence, et... je me nomme président.

TOUS.

Adopté!

Mme DE ROSELLE.

Je vous fait grâce du préambule, et j'arrive droit au fait.

AIR : *Suite du précédent morceau.*

Voilà d'abord, ce qu'ici je réclame ;
'Il faut, telle est ma volonté,

(*Montrant Philibert et madame Darcey.*)

Que Monsieur soit amoureux de Madame.

PHILIBERT ET MADAME OSCAR.
C'est adopté
à l'unanimité...
Ensuite?

MADAME DE ROSELLE.
A Paris, il faut vous rendre vite,
Dans le landeau de votre cher ami...

MADAME DARCEY.
Mon mari?

PHILIBERT.
Votre mari,   (*bis.*)
Lui-même, il va vous l'envoyer ici!

MADAME DARCEY.
Expliquez-vous?...

MADAME OSCAR.
Laissez-nous faire!
Vous saurez tout après l'affaire...

MADAME DE ROSELLE, *avec dignité.*
Suivrez-vous bien, tous, mes leçons ?

TOUS.

Nous le jurons !   (*bis*)

PHILIBERT.

Mais voici le signal...

TOUS.

Ecoutons ! écoutons !...

(*Ici l'on entend Oscar frapper les trois coups dans la main,
puis il entre tout doucement.*

SCÈNE XII.

LES MÊMES, OSCAR.

OSCAR, *parlant à voix basse à Philibert qui va au-devant de
lui.*

Eh ! vite, vite ! il est là... au bas de la terrasse... Il
recommande le secret à son cocher, et va faire avancer la
voiture... (*ici on entend le bruit d'une voiture qui est sensé
s'arréter au bas de la terrasse.*) Tenez... l'entendez-vous ?
(*apercevant les dames..*) que vois-je?... Mesdames, vous
ici?...

TOUS, *mettant le doigt sur la bouche.*

Fin du morceau ci-dessus.

Du silence !...
De la prudence !
Conspirons !   (*ter.*)

ENSEMBLE.

PHILIBERT, MADAME DE ROSELLE,
MADAME OSCAR.

Jurons une étroite alliance,
Dans peu tout aura réussi ;
Ce soir, vous connaîtrez, je pense,
L'art de fixer votre mari.

MADAME DARCEY.

Jurons une étroite alliance,
Dans peu tout aura réussi ;
En vous je mets ma confiance,
Mais rendez-moi le cœur de mon mari.

OSCAR.

Jurons une étroite alliance !
(*à part.*)
Que se passe-t-il donc ici?
Pour moi, j'y vais de confiance,
Mais je veux rire aux dépens du mari !

FIN DU SECOND ACTE.

Acte trois.

Le Théâtre représente un riche salon; dans la maison de
M. Darcey.

SCÈNE PREMIÈRE.

Mme DARCEY, *parée avec recherche,* Mlle PRUDENCE.

PRUDENCE.
Que je vous regarde encore, ma chère maîtresse! Mon
dieu! que vous êtes donc jolie comme çà!... que cette
coiffure vous va bien... et que je suis contente de voir tant
de beau monde rassemblé chez vous!

Mme DARCEY.
Tout cela t'étonne, ma bonne Prudence? eh bien... j'en
suis presqu'aussi étonnée que toi... mais il le faut... On
vient. (*regardant dans la coulisse.*) Ah! ce sont elles...
Laisse-nous... n'oublie pas la lettre... et sois attentive à
remplir les ordres que je t'ai donnés.

(*Prudence sort.*)

SCÈNE II.

Mme DARCEY, Mme DE ROSELLE, Mme OSCAR,
PHILIBERT.

(*Les dames sont dans la plus riche parure, et entrent suivies
de domestiques qui reçoivent leurs pelisses et cache-
mires.*)

Mme DARCEY.
Enfin, vous voilà!... je vous attendais avec impatience...
votre présence me ranime.

Mme DE ROSELLE.

Voyons, tournez-vous vers moi... Vous êtes charmante, et je vous prédis le plus grand succès.

Mme OSCAR.

Moi de même !

PHILIBERT.

Voyez comme les préceptes de la coalition sont bons à suivre... Oscar est devenu en quelques heures le plus attentionné des maris.

Mme DARCEY.

Se pourrait-il ?

Mme OSCAR.

Oui, vous savez que je vous avais quittée pour aller au-devant de lui... à peine étais-je entrée dans le bois, que je l'aperçois, à quelques pas de moi conduisant tristement son coursier par la bride ; il paraissait très-humilié de la chûte qu'il avait faite, justement en présence d'une foule de jeunes élégans et de femmes charmantes... mon empressement à lui offrir ma voiture, mes attentions pour lui, parurent le toucher vivement ; rentrés chez nous, je lui prodiguai les soins les plus tendres... il s'y montra sensible, et depuis ce moment il n'est plus le même... Enfin, le croiriez-vous ?... c'est au point qu'il a voulu m'accompagner à la soirée que vous donnez aujourd'hui.

Mme DE ROSELLE.

Bien, très-bien pour toi... (*à madame Darcey.*) Pour vous, Madame, ce que je vois me semble déjà d'un heureux augure..... Mais, dites-moi, avez-vous beaucoup de monde ?...

Mme DARCEY.

Autant qu'il m'a été possible d'en rassembler... M. Philibert s'est chargé d'organiser ma soirée.

PHILIBERT

Oui, Madame... dans le concert... les artistes les plus distingués se feront entendre... nous aurons le physicien Comte, un proverbe de Théodore Leclerc, et l'on dansera au piano.

Mme DARCEY.

La société est déjà réunie... je me suis échappée pour venir vous attendre.

Mme DE ROSELLE.

A merveille!... Et M. Darcey, ou si vous le voulez, le vicomte de Laurency... a-t-il reparu?

Mme DARCEY.

Hélas! non!...

Mme DE ROSELLE.

Vous allez reprendre ce ton?... Mais on vient... Silence!...

SCÈNE III.

LES MÊMES, OSCAR.

OSBAR, *en entrant; il tient à la main un chapeau rond en claque.*
Où donc est ma femme? qu'est-ce qui a vu ma femme?... Ah! vous voilà, ma chère amie... grande nouvelle! grande nouvelle!...

Mme DE ROSELLE.

Qu'y a-t-il?

OSCAR.

Imaginez-vous que j'étais là-dedans, à voir ce diable de physicien Comte, qui, entre nous, fait des siennes... il a déjà escamoté une montre, une tabatière et deux petites demoiselles... J'avais peur qu'il n'escamotât une glace que je tenais à la main, et j'ai mieux aimé m'en charger moi-même.

PHILIBERT.

Bien... bien... mais au fait?

OSCAR.

Au fait... m'y voilà... Je m'étais fourré dans la foule, tout près d'une fenêtre, où, par parenthèse, j'avais un *patère* dans le dos, et le pied dans un chapeau... lorsqu'en détournant la tête pour respirer un peu, j'aperçois mon ami Darcey...

Mme DARCEY.

Comment! mon mari?

OSCAR.

Oui, Madame... Je viens de le voir tout seul et l'air sombre... revenant probablement de faire sa promenade solitaire... il est entré par le petit escalier, et vous ne pouvez tarder à le voir tout couvert d'une noble poussière...

Mme DARCEY, *à demi-voix à madame de Roselle.*

Quelle contrariété!... il n'apercevra pas les équipages qui remplissent la cour... tous nos préparatifs de fête.

Mme DE ROSELLE.

Il n'y a pas de temps à perdre... il faut que vous l'attendiez ici... que vous lui parliez, d'abord.

OSCAR.

Eh bien, qu'avez-vous donc, tous?

Mme OSCAR.

Mon ami, accordez-moi la permission de vous le cacher jusqu'à demain.

OSCAR.

La permisssion! à moi, accordé! accordé! (*à Philibert.*) Comme elle est soumise, ma femme!

MADAME DE ROSELLE.

AIR : *Pas de chagrins.* (De la Vieille.)

Puisqu'une ligue nous rassemble,
　Au combat que chacun soit prêt ;
Fiesques nouveaux, conspirons tous ensemble,
　Aux sons joyeux du galoubet!
Ah ! rappelez ici votre courage,
A son devoir il reviendra, je gage...
Pas de pitié pour ce volage époux,　⎰
Il faut qu'il tombe à vos genoux!...　⎱ (*bis ensemble.*)

PHILIBERT.

Le voilà!.. chut!..

OSCAR.

Je n'y comprends rien... C'est égal... chut !

(*Il se retire avec Philibert; madame de Roselle et madame Oscar en marchant sur la pointe du pied.*)

ENSEMBLE.
Pas de pitié pour le volage époux, etc.

SCÈNE IV.

Mme DARCEY , DARCEY.

Mme DARCEY.

Je ne puis encore me défendre d'une secrète émotion,

en songeant aux suites que peut avoir cette épreuve. Mais
le voilà... pas de faiblesse !

DARCEY , *sans voir sa femme.*

Maudit bois de Boulogne ! il est d'une longueur à traverser... encore pas de voitures à la barrière ! Dieu !
quelle ennuyeuse journée... au diable les coquettes !

Mme DARCEY.

C'est vous mon ami, je vous attendais avec impatience.

DARCEY , *sans la regarder.*

Madame , je vous souhaite le bonsoir... Je suis horri-
blement fatigué.   (*Il se jette dans un fauteuil.*)

Mme DARCEY.

Vous serait-il arrivé quelque fâcheuse aventure ?

DARCEY , *toujours sans la regarder.*

Non, ma chère... je vous remercie... mais j'ai passé
toute ma journée chez mon banquier à faire des chiffres...
à parler d'affaires... Y a-t-il quelqu'un là ? je voudrais mon
foulard, ma robe de chambre..... (*étendant les bras.*)
Ah ! excédé... abattu...

Mme DARCEY.

C'est l'air du logis sans doute ! je commence à croire
qu'il vous est contraire ?

DARCEY.

Non... mais vous savez que je suis d'un caractère assez
flegmatique... en vérité, je pense trop, cela m'appesantit.

Mme DARCEY , *se promenant sur la scène avec l'intention de
faire remarquer sa toilette , à part.*

Ne pas seulement me regarder !... Quelle indifférence !

DARCEY, *se levant et se promenant de l'autre côté de la scène,
à part.*

Et cette Madame de Roselle ! pourvu que Philibert ne se
doute de rien. (*haut.*) Antoine ! ma bonne amie , obligez-
moi de sonner Antoine... je voudrais rentrer dans mon
appartement ?

Mme DARCEY.

A l'heure qu'il est vous feriez mieux je crois de rejoindre
la compagnie·

DARCEY.

Non ! aujourd'hui je ne veux pas sortir.

Mme DARCEY.

Mais qui vous parle de sortir Monsieur , vous n'avez qu'à
passer dans les salons pour y trouver une société brillante.

DARCEY.

Eh ! quels salons ?

Mme DARCEY.

Les miens , apparemment!... ce soir je reçois !

DARCEY.

Une soirée... ici? dans cet hôtel?..... Eh! mais!....
quelle parure!... que signifie?

Mme DARCEY , *à part.*

Ah!... enfin , il m'a donc regardée !

DARCEY.

Une soirée chez moi?... je ne reviens pas de ma surprise!... Et qui donc avez-vous invité?

Mme DARCEY.

Mes amis et les vôtres... Que voulez-vous ? j'ai formé
le dessein de vivre comme tant de monde... d'ouvrir ma
maison à ce que Paris renferme de plus aimable et de plus
brillant...

DARCEY.

En vérité!... et continuerez-vous , Madame?

Mme DARCEY.

Oui, Monsieur.

DARCEY.

Quoi!... c'est un parti pris?...

Mme DARCEY.

Sans doute ; vous aurez vos plaisirs, moi, j'aurai les
miens... j'ai senti le ridicule de m'ennuyer, à mon âge,
quand tout m'invite à goûter les douceurs de la vie.
(*Ici, les trois portes du fond s'ouvrent, et laissent voir le
tableau mouvant d'une réunion brillante ; des domestiques
promènent des plateaux, on en voit un porter un chevalet
devant un artiste qui traverse, en saluant, le fond du
salon. Les femmes se forment en cercle, les hommes se
tiennent debout, appuyés sur le dossier de leurs chaises ; on
entend en sourdine un concerto de violon.*)

DARCEY, *avec dépit.*

En effet, Madame, je m'aperçois que votre réunion est
charmante.

MADAME DARCEY.

AIR : *Valse du Mari par intérim.*

Entendez-vous?.. le concerto commence..
Ne troublez pas le son du violon!
Pour écouter, Monsieur, faites silence.
C'est le meilleur élève de Lafont.

Remarquez donc quelle riche cadence!
Ce coup d'archet et ces accords si doux ...
Semblent vraiment inviter à la danse ;
Répondez donc,... Monsieur, qu'en pensez-vous ?

DARCEY , *avec impatience.*

Mais Madame...

MADAME DARCEY , *sans l'écouter, et faisant quelques tours de valse.*

Tra , la , la , la.

DARCEY.

Allons, Madame, finissez, je vous prie.

Mme DARCEY , *allant à sa glace.*

Que pensez-vous de ma coiffure?

DARCEY.

Je pense... je pense... je ne m'y connais pas... Mais, Madame, vous extravaguez !

Mme DARCEY.

Du tout, Monsieur, je suis de bonne humeur, et voilà tout... Mais comme vous pensez trop... que cela vous appesantit; pensez, réfléchissez... je vais chercher des gens moins graves que vous.

DARCEY.

Que voulez-vous dire?

Mme DARCEY.

Je n'ai pas le temps de vous répondre ; le concerto vient de finir... on m'attend pour la valse... et... tenez... précisément, voici mon cavalier.

SCÈNE V.

LES MÊMES , PHILIBERT.

PHILIBERT.

Madame... Bonsoir, Darcey... je valse avec ta femme... ta soirée est délicieuse, et nous allons bien nous amuser.

Mme DARCEY , *à son mari, en donnant la main à Philibert.*

Adieu... Vous ne viendrez pas même souper avec nous?... en ce cas, je vais vous envoyer Prudence... Dormez bien... je vous souhaite une bonne nuit.

PHILIBERT.

Bonsoir , Darcey.

(*Il sort avec madame Darcey; ici, les portes se ferment.*)

SCÈNE VI.

DARCEY, *seul.*

Dormez bien!.. je vous souhaite une bonne nuit...
bien obligé... Ah! çà mais, je crois qu'elle se moquait de
moi... et puis ce ton... cette parure... qui du reste lui va
très-bien; elle est fort jolie comme çà, ma femme, je ne
dis pas..... Au fait, qu'elle s'amuse, rien de mieux...
cependant il ne me semble pas très-convenable que, sans
me consulter... elle aurait bien pu m'inviter à sa soirée...
j'y aurais été, car enfin elle ne pouvait pas savoir... que
j'étais occupé à parcourir le bois de Boulogne dans toute sa
longueur... Si j'y allais à cette soirée... pourquoi pas?...
Je ne sais quel changement vient de s'opérer en moi...
mais maintenant je n'éprouve plus aucune lassitude... je
me sens même disposé à danser, à valser!.. décidément, j'y
passerai quelques instans... une partie de la nuit... je ne
sais pas pourquoi... je n'ai plus du tout envie de dormir!..

(*Il s'époussète avec son mouchoir.*)

SCENE VII.

DARCEY, Mlle PRUDENCE, *tenant à la main une robe de chambre et un foulard.*

PRUDENCE
Monsieur, voilà ce que Madame m'a chargé de vous ap-
porter.

DARCEY.
Bien obligé!.. je n'en ai plus besoin.

PRUDENCE.
Mais, Monsieur... c'est que..

DARCEY.
Laissez-moi... m'avez-vous entendu?

PRUDENCE.
Oui, Monsieur... pourtant j'aurais voulu...

DARCEY.

Eh bien ! quoi !.. qu'est-ce que c'est... quel est donc ce papier que vous tenez à la main ?

PRUDENCE.

C'est une lettre...

DARCEY.

Une lettre... Donnez !..

PRUDENCE.

Mais Monsieur... elle n'est pas pour vous... elle est pour Madame.

DARCEY

Pour ma femme !. de l'écriture de Philibert. . donnez !.. (*Il enlève la lettre.*) Diable !.. ceci devient sérieux !..

PRUDENCE.

Mais, Monsieur... on voulait avoir la réponse ce soir, et j'allais...

DARCEY, *à part.*

Èst-ce que Philibert voudrait avertir secrètement ma femme... Au fait, je me suis toujours défié de ce caractère-là... (*Il ouvre la lettre.*) Je suis curieux de savoir ce qu'il écrit à ma femme !..

PRUDENCE, *à part.*

Bon, bon... cela commence. (*haut.*) Mais, Monsieur, cette lettre...

DARCEY.

Je suis le maître chez moi, je pense... je suis libre de décacheter une lettre de ma femme ! (*à part.*) Que vois-je ?.. c'est une déclaration d'amour '.. je comprends tout... et Philibert ne l'a emmenée dans le salon que pour avoir plus tôt la réponse... Eh bien !.. fiez-vous donc aux amis !.. C'est une perfidie !.. une trahison indigne d'un galant homme !.. troubler la paix d'un bon ménage !.. Je ne m'étonne plus de la gaîté de Madame Darcey... Elle veut rire, dit-elle... Ah ! je saurai bien lui rendre son sérieux !..

PRUDENCE, *à part.*

Il se fâche !.. de mieux en mieux !.. (*haut.*) Monsieur a-t-il des ordres à me donner ?

DARCEY.

Sortez !..

PRUDENCE.

Je me retire, Monsieur, en vous souhaitant une bonne nuit !

DARCEY.

ll suffit... merci...

PRUDENCE, *à part.*

Il enrage!.. tant mieux!.. jesuis contente... je voudrais qu'il en suffoquât de dépit... (*Darcey fait un mouvement.*) Votre servante très-humble...

(*Elle lui fait la réverence et sort.*)

SCÈNE VIII.

DARCEY, *seul.*

Ici l'on voit la valse commencer dans le fond; Philibert et madame Darcey valsent ensemble.

Je ne me trompe pas... les voilà!.. Quelle légèreté... quelle abandon ils y mettent... peut-on pousser plus loin l'audace et l'inconvenance!.. Mais qui donc est au piano?.. une jolie dame... je crois... O ciel!.. c'est madame de Roselle... Que faire?.. que dire?.. tâchons d'échapper à ses regards!...

(*Il va pour sortir par une porte latérale ; madame Oscar paraît tout-à-coup devant lui.*)

SCÈNE XIV.

DARCEY, Mme OSCAR, Mme DARCEY, Mme DE ROSELLE, PHILIBERT.

Mme OSCAR.

Mon cher M. Darcey, je garde cette porte ; vous ne pouvez sortir.

DARCEY.

Au nom du ciel, Madame, laissez-moi.

Mme DARCEY, *entrant.*

M Darcey, avant que vous ne sortiez, permettez-moi de vous présenter une de mes bonnes amies.

Mme DE ROSELLE.

Eh!... c'est M. de Laurency ; en vérité, vicomte, je suis charmée de vous revoir.

Mme DARCEY, *à madame de Roselle.*

Madame, permettez-moi de vous présenter M. Darcey, mon mari.

Mme DE ROSELLE.

Mais vous n'y pensez pas, Madame... c'est moi qui prends la liberté de vous présenter monsieur le vicomte de Laurency... celui qui m'a fait les plus belles propositions de mariage... allons, mon cher vicomte, saluez Madame!

Mme OSCAR.

Comment, M. Darcey... vous êtes vicomte?

DARCEY, *cherchant à cacher son agitation.*

Mesdames, certes la plaisanterie... serait... d'un excellent goût... si... dans ce moment... j'étais d'humeur à m'y prêter.

Mme DARCEY.

Mais il me semble, Monsieur, que si quelqu'un ici, avait le droit de faire des reproches...

DARCEY.

Il vous conviendrait bien, Madame, de m'en adresser.

PHILIBERT.

Allons, voilà que tu te fâches... tu as un mauvais caractère.

DARCEY.

C'est assez, Monsieur... n'ajoutez pas la raillerie à la fausseté... à la perfidie la plus indigne... je ne reçois de leçon de personne, et je puis peut-être en donner.

Mme DARCEY.

De grâce, calmez-vous... je vais tout vous dire!

DARCEY.

Non! laissez-moi... vous vous êtes fait un jeu cruel de déchirer mon cœur... de trahir le sentiment le plus tendre... il ne doit plus rien exister entre nous.

SCÈNE X.

LES MÊMES, TOUTE LA SOCIÉTÉ.

AIR : *Fragment du Final du deuxième acte de Leycester.*

MADAME DARCEY, *à son mari.*

De grâce, écoutez-moi...

DARCEY.

Je n'écoute plus rien ;
Et dès ce jour, Madame, je vous quitte !

MADAME DARCEY, *à madame de Roselle.*
De l'arrêter, trouvez donc un moyen ;
A mon malheur, ah ! vous m'avez conduite !
PHILIBERT, *à madame de Roselle.*
De notre plan adieu la réussite !
MADAME DE ROSELLE, *à Philibert.*
N'abandonnons pas nos projets.
DARCEY, *à Philibert.*
Chez vous, Monsieur, demain, ayez soin de m'attendre
(*à sa femme.*)
Vous, renoncez au lien le plus tendre...
Car je vous quitte pour jamais !   (*Il sort.*)

CHŒUR, *saluant madame Darcey, et prenant congé
d'elle.*
Veuillez nous excuser, Madame,
Déjà l'heure s'avance... il faut quitter ces lieux ;
En cet instant, l'usage le réclame,
Recevez donc ici, nos regrets, nos adieux.
MADAME DARCEY, *à part.*
Quel trouble ici, j'éprouve au fond de l'âme ;
Hélas ! c'est pour jamais qu'il a quitté ces lieux !
Ah ! puisqu'ainsi l'usage le réclame,
Cachons-leur bien les pleurs qui coulent de mes yeux.
MADAME DE ROSELLE, MADAME OSCAR, PHILIBERT.
Quel trouble ici, j'éprouve au fond de l'âme ;
Serait-ce pour jamais qu'il a quitté ces lieux ?...
Quand nous voulions rendre heureuse sa femme ;
Il a trompé notre espoir et nos vœux !

(*Toute la société s'éloigne ; pendant la scène suivante, les
domestiques éteignent les lustres ; dans le fond, et après la
sortie de Darcey, on a entendu se fermer la porte cochère,
comme poussée par quelqu'un qui la ferme avec colère.*)

SCÈNE XI.

Mme DARCEY, Mme DE ROSELLE, Mme OSCAR,
PHILIBERT, Mlle PRUDENCE, *puis* OSCAR.

Mme DARCEY, *tombant sur son fauteuil.*
Ah ! vous m'avez perdue !
Mme OSCAR.
De grâce, mon amie... revenez à vous.
Mme DE ROSELLE.
Rassurez-vous... tout n'est pas encore désespéré.

L'Art.   8

PRUDENCE.

Ma pauvre maîtresse!

OSCAR, *arrivant une serviette autour du cou, et un potage à la main.*

Eh bien! qu'est-ce que çà veut dire? tout le monde part! on nous laisse seuls, et sans lumière au buffet... exposés aux erreurs les plus graves. (*apercevant sa femme.*) Ah! vous voilà, ma bonne amie! je vous apportais ce potage, car cela est nécessaire quand on passe la nuit... n'est-ce pas, docteur?

AIR : *Dans ma chaumière*

C'est un potage,
A dit le sage,
Qu'avant tout il faut ordonner ;
Sans amour, pas de bon ménage,
Comme il n'est pas de bon dîner,
Sans le potage.   (*bis*)

A propos, et la conspiration?... comment çà va-t-il? conspirons-nous toujours... nous amusons-nous bien?...

PHILIBERT.

Ma foi, mon cher Oscar, je crains bien que la conspiration ne soit manquée?

OSCAR.

Elle est manquée!... alors, je n'en suis plus!... Eh! mais! qu'avez-vous donc, Mesdames, vous ne dites rien? (*à sa femme.*) Vous aussi, ma bonne amie, vous paraissez agitée... vous ne prenez pas mon potage?

Mme OSCAR.

Mon ami, je suis flattée de votre attention... je suis sensible à vos soins.

OSCAR.

Ah! si l'appétit manque, la coalition est perdue!... car, comme l'a dit un philosophe... les grandes pensées viennent de l'estomac. (*il se frappe sur le ventre, et fait un grand cri.*) Ah!

Mme DE ROSELLE.

Rassurez-vous... la coalition, c'est moi, et tout peut encore se réparer.

OSCAR.

Se réparer... quoi?

Mme DARCEY.

Non! je n'ai plus d'espoir... il ne reviendra pas!...

OSCAR.

Il ne reviendra pas... qui?

PHILIBERT.

Chut! j'ai cru entendre...

TOUS.

Silence!

OSCAR, *se mettant le doigt sur la bouche.*

Chut!...

(*On entend un grand coup de marteau à la porte cochère..*

Mme DE ROSELLE.

On a frappé... écoutons!

OSCAR.

Ecoutons!...

(*On entend en dehors la voix du concierge demander : qui est là?*)

DARCEY, *en dehors.*

C'est moi!...

PHILIBERT.

C'est sa voix!...

Mme DARCEY, *se levant avec émotion.*

Il revient!

Mme OSCAR.

Je l'espérais.

Mme DE ROSELLE.

J'en étais sûre.

OSCAR.

Et moi je puis vous assurer que je ne m'en doutais pas.

TOUS.

AIR : *De la Somnambule mariée.*

Mais il s'avance,
De la prudence!
Tous, en silence,
Retirons-nous...
J'en suis certaine,
L'amour l'entraîne
Et le ramène
Auprès de vous.

(***Philibert** et les dames se retirent doucement.*)

SCÈNE XII.

OSCAR, *seul.*

Ah! ah!... il paraît que nous nous retranchons dans nos murs... alors je rejoins une foule d'intrépides convives que l'obscurité n'a pas effrayés... rendons-nous sur le champ de bataille. (*Il va pour sortir, il rencontre Darcey.*)

SCÈNE XIII.

OSCAR, DARCEY, *après avoir frappé légèrement à la porte, ouvre et entre doucement.*

DARCEY.
Vous êtes seul, Oscar?

OSCAR.
Hein! plaît-il?... ah! c'est vous, mon ami!... ah! mon dieu!... encore plus défait que ce matin... la promenade ne vous a donc pas fait de bien?

DARCEY.
Et... ma... femme est rentrée?

OSCAR.
Oui... chez elle... mais qu'avez-vous donc?

DARCEY, *à lui-même; pendant qu'il parle, Oscar a pris le potage qu'il avait apporté, et le mange en l'écoutant.*

J'étouffe! je suis hors de moi!... il faut que je la voie!... que je lui parle... je voulais m'éloigner... mais à peine avais-je fait quelques pas, que j'ai réfléchi aux suites que pouvait avoir une telle séparation... et malgré moi, je reviens dans les lieux que j'avais juré de fuir pour toujours... je voudrais en vain me le cacher à moi-même... je l'aime plus que tout au monde... je ne puis vivre sans elle...

OSCAR, *à part.*
Qu'est-ce qu'il dit donc là? (*haut.*) Et moi aussi, j'aime ma femme... c'est une si bonne chose qu'un bon ménage! (*Il mange.*)

DARCEY.

Mais comment oserai-je me présenter à ses yeux...
n'importe... il faut qu'elle sache... (*il va vers la porte.*)
La clé n'est plus à la porte?

OSCAR.

Votre femme!... elle s'est enfermée... elle refuse de
vous voir!

DARCEY.

Est-on plus malheureux!

SCÈNE XIV.

DARCEY, OSCAR, Mlle PRUDENCE.

DARCEY.

Ah! c'est vous, Prudence!

PRUDENCE.

Comment, vous ici, Monsieur?

DARCEY.

Où est votre maîtresse?

PRUDENCE.

Elle n'est pas visible, Monsieur.

OSCAR.

Je vous l'avais bien dit.

DARCEY.

Comment elle refuse... vous en êtes bien sûre... elle
est décidée... eh bien! j'exécuterai mon projet... je m'é-
loignerai!... je veux partir à l'instant même... et... (*il
prend une chaise, et s'assied.*) c'en est donc fait... tout est
fini?...

OSCAR , *lui frappant sur l'épaule.*

Darcey... mon ami... je vous en prie... ne vous en
allez pas...

(*Prudence va pour s'éloigner, Darcey se lève vivement, et
l'arrête.*)

DARCEY.

Prudence!... arrêtez... avez-vous la clé de cet app r-
tement?

PRUDENCE.

Oui, Monsieur.

DARCEY.

Ouvrez-moi cette porte!

PRUDENCE.

Impossible . Monsieur... les ordres de Madame...

DARCEY, *vivement.*

Obéissez... vous dis-je... ou je vous chasse.

PRUDENCE.

Me chasser ?... eh! bien, soit, Monsieur... peu m'importe ... je resterai au service de Madame[1]

(*Prudence fait un nouveau mouvement pour sortir.*)

DARCEY, *courant à elle.*

Prudence... ma bonne Prudence... encore un mot... il faut absolument que je parle à Clarice!... je sais tout l'attachement que vous portez à notre maison... je n'oublierai jamais vos bons services... vous avez besoin de repos... eh bien... je prendrai soin de vos vieux jours... et je vous pro · ets d'assurer bientôt votre sort...

OSCAR, *à part.*

Dieu!... quel bon cœur il a.

DARCEY.

Mais par pitié... je vous en supplie... je vous en conjure... ouvrez-moi cette porte!...

PRUDENCE, *s'essuyant les yeux.*

Ah! Monsieur... Madame m'avait pourtant bien fait promettre... mais votre douleur me touche, et vos bons procédés à mon égard...

DARCEY.

Quoi!... vous consentez!...

PRUDENCE.

Oui, Monsieur... voici la clé!

DARCEY.

Ah! Prudence... je n'oublierai jamais...

OSCAR.

Allez, Prudence!... allez, ma bonne.

(*Il descend le théâtre, en la reconduisant; pendant ce temps, Darcey a mis la clé dans la serrure, et ouvre la porte.*)

SCÈNE XV.

OSCAR, DARCEY.

OSCAR, *courant à lui.*

Arrêtez, mon ami!... qu'allez-vous faire... votre douleur m'a arraché des larmes, aussi je veux vous confier un secret pour vous empêcher de tomber dans le piége qu'on vous tend!... et pour sauver l'honneur du corps si respectable des maris...

OSCAR.

DARCEY.

Un secret?... lequel?

OSCAR.

On conspire, mon ami!... on conspire contre vous... et tout ce qui s'est passé ici...

DARCEY.

Que dites-vous? quoi, Clarice!... ma femme!... quelle idée!

OSCAR.

Oui, je suis sûr qu'il y a une conspiration, et la preuve, c'est que j'en suis.

DARCEY.

Vous en êtes? vous? et quel en est le but?

OSCAR.

Je ne sais pas, parole d'honneur.

DARCEY.

Et moi, je devine!... on voulait se moquer de moi... et de vous.

OSCAR.

Vous croyez? eh bien, c'est possible! et voilà ce que je n'avais pas bien compris... A-t-il de l'intelligence?

DARCEY.

Oui... oui... j'ai besoin de le croire. Ah! l'on se jouait de ma crédulité... on comptait sur ma faiblesse? mais je me vengerai.

OSCAR.

Voilà nos femmes!... du courage surtout, Darcey, ne me faites pas passer pour un renégat aux yeux des puissances alliées.

SCENE XVI.

LES MÊMES, Mme DE ROSELLE, Mme DARCEY, Mme OSCAR, PHILIBERT, Mlle PRUDENCE.

PHILIBERT.

Le voilà!

Mme DE ROSELLE, *bas à madame Darcey.*

Pas de faiblesse!...

Mme DARCEY.

Soyez tranquille!

Mme OSCAR, *à son mari.*

Vous, encore ici, mon ami?

OSCAR, *sérieusement.*

Oui, Madame... (*à part.*) On se moquait de moi! (*bas à Darcey.*) Soyons hommes, Darcey... soyons hommes.

DARCEY, *à sa femme.*

Madame, j'avais juré de vous fuir! de ne plus gêner par ma présence les plaisirs que vous vous promettez... quand pourtant, mon titre d'époux...

OSCAR, *bas.*

Bien!... notre titre d'époux!

DARCEY.

Me donnait le droit de m'y opposer!

Mme DARCEY.

Et quel motif assez puissant, Monsieur, vous a fait man-quer au serment que vous veniez de faire?

DARCEY.

Le soin de votre propre réputation, Madame.

PHILIBERT, *à part.*

Quel langage!...

DARCEY.

Et d'ailleurs, Madame, avant de prendre un parti déci-sif... j'ai voulu, dans l'intérêt de mon amour-propre hu-milié, vous prouver devant vos amis, que je n'ai pas été un instant votre dupe!

Mme DARCEY, *à part.*

Que dit-il?

Mme DE ROSELLE, *bas à madame Darcey.*

Ne vous troublez pas!

DARCEY.

Oui, madame... j'ai deviné quels étaient vos projets... pour me faire expier quelques torts, que l'uniformité de votre caractère et de votre conduite envers moi pourrait peut-être expliquer... vous n'avez pas craint d'employer des moyens plus dangereux que vous ne le pensez.

OSCAR, *bas.*

C'est çà... c'est çà... fâchons-nous!

DARCEY.

Je sais quel était votre but... je sais quel était votre espoir.... vous avez cru qu'en imitant le ton de ces femmes coquettes et légères, vous alliez réveiller dans mon cœur un ancien amour... vous avez cru, en me donnant un rival, me faire sentir tout le prix de l'objet que j'avais négligé... vous pensiez qu'à peine éloigné de ces lieux, je ne pourrais supporter un instant le chagrin d'être éloigné de vous... que je reviendrais soumis et repentant, implorer à vos pieds le pardon de mes erreurs... (*haussant le ton.*) Eh bien! Madame!

TOUS.

Eh bien!

DARCEY, *du ton le plus tendre.*

Eh bien! Clarice?... tu ne t'étais pas trompée... je suis à tes genoux.   (*Il se jette à ses pieds.*)

Mme DARCEY.

Ah!

OSCAR, *tombant aux genoux de sa femme.*

Qu'entends-je!... ô pouvoir de l'exemple!... tu m'entraînes!... madame Oscar de Beaufour... je tombe à tes pieds.

Mme DE ROSELLE.

Bien, Messieurs!... très-bien... c'est là que nous voulions vous voir!...

Mme DARCEY.

Que je suis heureuse!

DARCEY, *à Philibert.*

J'implore mon pardon de ton amitié. (*à madame de Roselle.*) De vous, surtout, Madame!... Quant à toi, ma chère Clarice, reste toujours la même... conserve tes douces vertus... je fais serment de consacrer toute ma vie à t'aimer.

OSCAR, *vivement.*

Il aime sa femme!... vous l'entendez!... je vous prends tous à témoin, et moi aussi, j'aime ma femme!... oui, madame Oscar, je t'aime, je t'adore, et je sens qu'avec toi je serai maintenant le plus heureux des hommes de loi.

Mme OSCAR, *à madame de Roselle.*

Nous n'oublierons pas, ma chère Caroline, que c'est à toi que nous devons notre bonheur!

Mme DE ROSELLE.

Leurs torts sont expiés, c'est à vous de réparer les

vôtres : surtout, mes bonnes amies, souvenez-vous que
pour être toujours aimées, il faut s'occuper sans cesse du
soin de plaire... maintenant, la coalition est rompue.

PHILIBERT, *à madame de Roselle.*

Madame, et votre allié?

Mme DARCEY, *les unissant.*

Voici sa récompense...

OSCAR, *se tournant vers le public.*

Surtout, Messieurs, Mesdames... ne dites rien de ce qui
s'est passé, à vos amis et connaissances.

AIR : *Fragment du hussard.* (Final du deuxième acte.)

Du silence !
De la prudence ;
Partons, partons, partons !

MADAME DE ROSELLE, MADAME DARCEY. MADAME O CAR.

Rappelons-nous notre alliance,
Que le précepte en soit suivi...
Car le bonheur, pour nous, je pense,
C'est de fixer notre mari.

TOU.

Rappelons-nous notre } alliance.
Rappelez-vous votre }
Que le précepte en soit suivi...
Car le bonheur, pour nous, } je pense,
Car le bonheur, pour vous, }
C'est de fixer notre } mari.
C'est de fixer votre }
Adieu, partons, retirons-nous !
Retirons-nous... chacun chez nous !

(*Darcey offre le bras à sa femme ; Oscar en fait autant, et
prend l'éventail et le cachemire des mains d'un domestique ; Philibert reconduit Madame de Roselle. Tout le
monde se salue ; la toile tombe..*) .

FIN.